教育革命論への招待

情育からはじまる教育の再生

高田義隆

人文書院

はじめに

今を生きる子どもたちの多くにおいて、夢や希望をもって生きることが非常に難しくなっていると思うのは、我々だけではないでしょう。それは、以前の社会にくらべて、子どもたちの生育環境にあって、それぞれがあこがれを抱けるような人物や職業と出会う機会が少なくなっているからであり、たとえそうした出会いがあったとしても、長期間の学校教育での学力競争や能力主義にさらされて、子どもたちの内面に育った価値観は大きく方向転換させられるからです。

つまり、高成績をおさめ、高学歴をめざし、高所得が保障される職業に就く、それも中流階層・上流階層への仲間入りができ、また薄っぺらであっても知識人階級の一員にもなれる、これが、学校での教育過程において、子どもたちの「めざすべき人生の目標」であるかのように刷り込まれるからです（もっとも、多くの場合、家庭や地域にあっても、同じような価値観の刷り込みが行われますが）。いずれにしても、人生の目標が、高額所得者になって物質的に恵まれた生活を満喫する、または知識人や著名人になって地位や名誉を手に入れる、といったピラミッド型の集団社会での上層（特権階層）の一員になることだ、というわけです。

こうした成績至上の教育体系になじめない子どもや、またそのような社会に希望をもてない子どもたちにとって、今ある存在性を有意味だとは思えないでしょうし、生きることに無気力にならざるをえません。不登校、いじめ、ひきこもり、リストカット、薬物中毒、多発する少年少女による殺傷事件、最近ではニートとよばれる若者の存在といったさまざまな問題群は、明確な人生目標や価値観をもてない不安や諦念に支配された子どもたちの意識化されない怒りであり、プロテストだといってよいでしょう。またそれは、同時代を生きる仲間同士の連帯の「情」が根底的に育っていないことを起因とする孤独感、寂寥感が心の奥深くで働いているゆえだともいえます。

「情」の問題もさることながら、衣・食・住といった生きていくうえで不可欠な生業部門での生産を、自分では何一つできない人間（特権層という名の寄生者）になることが、人生の目標であり、理想だとする教育は歪《いびつ》であり、問題です。もちろん、苛烈な知力・出世競争とは無縁に、たしかな生活基盤をもつべく意識的に、農業・漁業などの生業に携わり連帯の「情」を育む若者もいるものの（多くは親の跡継ぎで、都市部に生まれ育った若者において、そうした職業に就くことはまれです）、就労人口に占めるその割合はわずかです。実際は、成績（知育）至上の教育体系になじめない子どもたちの多くが、当該社会での夢や希望をもてないまま孤独感と不安を抱えつつ、都市部での生業にかかわる分業化された現場労働やサービス産業に不本意ながら従事し、さまざまな差別を甘受しながら、特権層の華美を誇る生活を支えているのです。

我々には、人間の生きる意味を「富」や「地位」の獲得へと特化し、それにいたる方途としての学校での評定（あるいは学歴）をもって、人間を序列化する社会構造を首肯することも、ましてこれが強固に自己組織化（システム化）していく現状を放置すべきだとも思えません。ことに、幼時の段階から「人間の生きる意味」は財の増殖への貢献にあるのだとして、仲間との連帯の「情」を育む機会を与えないばかりか、自分の多様な可能性について模索する機会をもてなくする教育は、許されるべきではないでしょう。

子どもは、富める大人の財の増殖手段として生まれるのでも、育つのでもなく、生命体としての自足的活動を行いつつも、同時代の仲間たちと助け合いながら、それぞれに固有な人生の意味を求めて生きる存在であるはずです。それは見方を変えれば、与えられた自然環境にあって、子どもは、相互的なかかわりの中で、たがいの人生を尊重し、協力し合う人間となるべく、育つのだといえます。教育とは、本質的にそうした人間を育てる役割を担う行為であった、といってよいでしょう。

子どもたち一人ひとりにとっての、夢や希望の原点ともなる、「あこがれの人物像や職業観」は、最初期においては、その生育環境にあって出会う人々（親を含めて）をとおして、見つけ出されます。そして、子どもたちが接する世界の拡大とともに、各人のあこがれの人物像や職業観はさまざまに異なりつつも広がり、具体化していきます。その成長期にあって、一人ひとりの子どもの夢を膨らませ、具体化すべく、教育が介在するというのが、理想だといえましょう。しかし、各人の夢をかなえる教育と対極の悲惨な現実が世界各地にあります。それは幼い子どもたちを兵士にし、殺戮の現場へ駆り出し、その短い一生を終えさせることです。いかなる大義があろうと、人類の次代を担う子どもの一生を台無しにし、死へと追いやる大人のエゴは承認されるものではありません。もちろん、戦場を拡大して子どもたちを死傷させるのも（地雷などで）、過酷な労働（買春）現場へと子どもたちを駆り出すのも同様です。政治的・経済的決断が大人のエゴを肯定したとしても、教育的決断はそうした大人のエゴを許してはならないのです。

これまでの公教育は、子どもの命を大切にという幾多の主張があったにもかかわらず、政治（戦前の軍国主義など）の前に沈黙し、従順でありました。そうなったのは、教育思想そのものに政治（経済）と対決する基本的視座が確立されていなかったからです。我々はその視座として、本書において「日常生活世界」と「情の教育」を設定し、そこに政治的立場や経済的立場を超越する意義を見つけ出そうと試みました。教育が、政治や経済といった特権層の刹那的な思惑に代わって、子どもたちに夢と希望を与えるべく、新しい時代のイニシアティブをとるべきだという本論での意図が、一般の理解がえられるほどに明快な論理となっているかどうかは、私の判断するところではありませんが、すくなくとも転換の必要性が理解されるだろうことを願うしだいです。

私自身これまで多種多様な職業を数多く経験する中で、一人前に生きることやあたり前に生きることの基準が、「情」であり、「技」であり、「知恵」であって、それらは日常生活世界において連綿と継承されていることを、さまざまな場面においていろいろな人たちから教えられました。「日常生活者」といった人間像は、そうした自分の多様な職業体験などをとおして出会ったさまざまな地域や職場の人々から学んだ、もっとも基本的な人間の生き方をモデル化したものです。また、「情」の教育を構想したのは、自分自身の子ども時代や、子育て、そして小学生から大学生までとの教育を介しての接触、そういった体験や経験から、学ぶための基本が「知」そのものにあるのではなく、親をはじめとしたさまざまな人々との日常生活レベルでのふれ合いから生まれる「情」であること、つまり豊かな「情」を育まれた子どもにこそ、学ぶ（知育）ための基礎的動機が形成されているのだという実感をもったことによります。

そうした自分の実践的な体験や経験をもって、「日常生活者」や「情育」といった本書での基軸となる概念は、構想されておりますが、もちろん、いろいろな分野の知見をさまざまな著書をとおして補強させてもらっていることは述べるまでもありません、注釈にあげていないものの、その数は数倍になります。そういう意味でも、ここで展開している「日常生活者」や「情育」といった概念は、決して私的かつ独断的な視座に立つものではありません。またこれまでの教育論にくらべれば、随分普遍的な視座のもとに基礎づけられているゆえに、理解していただきやすいものになっているとは思っております。

本書は、基礎編・理論編・実践編と三部構成になっておりますが、読者それぞれの関心に応じて、第三部から第二部、第一部へと逆に読んでいただいても結構かと思います。人それぞれに関心の分野が違いますから、具体的な実践論から抽象的な基礎論へと読み進む方が、興味をもって読んでもらえるかもしれません。

本論執筆への直接的な動機としては、二点あります。一つは、以前に上梓した拙著『教育哲学の復権』で言及できなかった教育の根本理念と教育の今日的状況との乖離を明確にし、根本理念にそった教育の具体的展望を拓くことであり、また一つは、常に特権層の文化的思惑の支配を受けてきた教育を、人類すべてに対して責任をもつ自律的かつ普遍的な文化へと解放することです。すなわち、人間として生まれた子どもたち一人ひとりが、公平にそれぞれの人生を生きるべく、ともに助け合える連帯の場を構築する手がかりを、教育をもって提供するということです。そうした思いが、どこまで人々に理解される文章（理屈）になっているかの判断は、読者諸賢に委ねたく思っております。

本書を書きあげるにおいて、いろいろな方々の御教示や御支援をいただき、そのお蔭をもってなんとか上梓にいたりました。そのお一人おひとりのお名前をあげることは控えさせていただきますが、この場をもって、お礼を申しあげるしだいであります。

二〇〇六年二月

著者

目次

第三部　実践編

第八章　学校での「情育」と「技育」、そして「知育」……… 183

教育革命論への招待

——情育からはじまる教育の再生——

第一部　基礎編

第一章　近代における教育思想と公教育

第一節　近代以前の教育の基層

教育というコトバの意味するところは、生まれたばかりの赤ん坊を、一人前に集団生活のできる「情」と「技」と「知恵」をもった人間に育てる養育（子育て）行為と、その養育過程にあって「読み・書き・計算」などの文字（記号）を介して知性を磨き、より豊かな人間性を身につけさせようとする行為の二つに、大きく分けられます。今日にあって教育といえば、一般的には後者の方をさしますが、それは「養育や訓育」（子育て）を教育だとは認めない歴史的な経緯によります[1]。

もし文字文化の学習だけをもって教育とし、養育や訓育を教育ではないとするなら、文字を発明する前の人類には教育はなかったということになります、また文字をもたない民族は教育をもたないということになってしまいます。もちろん教育というコトバの意味を、文字文化の修得にあると限定してしまうならば、それはそれでよいでしょうが、我々は「子育て」と「教育」を同じ意味としてあつかうつもりです[2]。

たしかに日本でも、識字率の高くなかったころには、「私は教育がない」という人々の意味するところは、自分は文字が読めない、書けないといったことをさし、文字文化にふれ、学ぶ機会をもたなかったという劣等意識をあらわすものでした。そのように、教育とは文字文化の修得であり、「知育」のことだとわりきれば、教育論は単純になり、徳育や体育、それに音楽・絵画・舞踊などの情緒を養う学習は教育ではないというわけで、随分スッキリします。しかし教育（子育て）は、文字文化のみではない人類文化（民族文化）の総体を継承すべく、一人前に集団生活のできる人間へと子どもを育てあげることであったはずです。またそれは、子どもたちの心に人間や自然に対する豊かな「情」と「知恵」を育むことによって、人類の未来を拓くべきバトンを手渡すといった、先行世代としての責任でもあったといえます[3]。

教育とは文字文化の修得（知育）のことだ、と限定的にいえた時代はありました。そのころにおいて「知育」は、衣・食・住の手当に忙しい日常生活を営む人々にとって、なんら重要な意味をもたない時間の無駄であり、特権層だけの「ひまつぶし」行為と映っていたかもしれません。つまり、その集団社会には、「知育」を受けた者（特権層＝遊び人）と「知育」を受けない者（非特権層＝衣・食・住の手当に忙しい人）が並存していたということになります。それでも集団をうまく維持できた、それは特権層の支配がすぐれていたからなのか、非特権層が集団の基層を手堅く維持し支えてきたからなのか、または両方の連係がうまくいっていたからなのか、いずれにしてもその三つの内のどれかでしょう。

特権層さえすぐれていれば、集団は安定的に維持できると考える人々は、自分たち特権層だけが教育（知育）を受けるべきであり、非特権層には教育（知育）はいらないとしました、これが教育の特権的性格の起源です。しかしながら、何ら衣・食・住の生産活動に携わらない人々が遊んでいても、集団の生産活動がうまくいき、非特権層の人々（日常生活者）同士の協力や交流が円滑に維持できたのは、集団に生きる大多数の人々、すなわち日常の生活を大切にして生きる人々が何世代にもわたって、生まれたばかりの赤ん坊を一人前の集団生活者（人間）に育てる術（知恵）を継承してきたからです。

この術（知恵）には、生命体としての人間を育てる側面と、集団構成員たる人間を育てる側面がありますが（前者を養育＝家庭教育、後者を訓育＝集団教育または住民教育といってよいでしょう）、これらはあたり前で、ことさら教育とよぶことはなく、「子育て」といわれてきました[4]。しかしこれらの教育（子育て）を無視して、いくら「知育」につぎ込む時間をふやしても、「知育」だけでは、赤ん坊は一人前の集団生活者にはなれませんし、そうした「知」だけでは集団を組むことも、まして他者と仲良く生活することもできません、それは他者とつながる接点が「知」そのものにはないからです。

一人前の人間（生命体・集団生活者）たる要件である「情」と「技」と「知恵」を身につけさせる行為を、教育とよばないのなら、それでもよいわけで、伝統にしたがってこれを「子育て」と表現してもよいでしょうが、我々はこれこそが教育だと考えます。この視点を明確にしておかなければ、現代の教育状況の問題性（実態）を的確に捉えることができないゆえに、あえてここで、一人前の人間（日常生活者）を育てることこそが教育の本質だという認識を確認しておきたく思います。それでは、特権層の子弟向けであったこれまでの「知育」が教育ではないのかというと、これも教育です、今日的に見れば、これこそが教育だといってよいでしょう、しかし、教育の本質（教育行為の発生史）からすれば、それは副次的、付加的な教育だといえます。(5)

もともと子育て（教育）という行為には、親による育て方の違いなどはそんなになく、また集団（民族）間においても質的な差はほとんどなく、子どもたち一人ひとりは、おおむね似たような公平な育てられ方をしてきました。そのため、教育（子育て）には、各人に共通かつ公平に行われる原則があったといえます。しかし集団内に特権層があらわれると、その特権性を正当化する情報が集団文化の中に組み込まれ、人々は、支配と被支配という集団の階層化（ヒエラルヒー）を、文化として承認するようになります。そして文字の発明とともに、支配を正当化する文化的手段としての文字教育（知育）が、別途、集団文化の中に組み込まれることになったのです（親の階級的立場による子育ての不均等や知育の不公平が発生）。

つまり集団にあって、伝統的な一人前の日常生活者になるための教育（子育て）に加えて、特権層の一員となるための新たな教育（非特権層にとっては支配されることを承認させられる教育）が、教育行為として併置されたというわけです。すでに述べましたように、前者はこれまで教育というよりも、子育てといわれてきましたから、教育とは、後者の文字の文化を学び、知力を育むことをさすと同時に、それはまた、支配の正当性を学び取ることを意味しました。そういった歴史的過程が、今日の教育というコトバに対する一般的理解の背景になっている、といってよいでしょう。

このような二極化のもと、非特権層の子どもたちは、従来どおり日常生活者として生きる術（情・技・知恵）を親や地域住民たちから（文字文化とは無縁に）学び取り、他方、特権層の子どもたちは、日常生活者として生きることよりも特権層の一員として生きるべく、文字文化を学び、教養主義的な知識や知力を支配の正当化手段として身につけることになりました。前者の成育過程にあって子どもたちに求められたのが、「情」をとおした共生の心であり、後者の成育過程にあって子どもたちに求められたのが、「情」よりも支配を正当化する論理としての「知」の重視であったといえます。

集団を統治する手段としての政治形態が、貴族制であれ、王制であれ、特権層の子弟に求められた教育は、集団を支配する特権層の一員だという自覚を養うことでした。ルネサンス期の思想家ヴェルジェーリオが、「貴族の子弟は、その運命ならびに生をうけたその高貴な境遇にふさわしいものであることをしめすために、もっともすぐれた学芸によって教育されなければなりません」[6]と、述べているのはその一例です。

衣・食・住の生産活動に直接携わらない支配層の子どもたちには、十分な「ひま」があるため、そうした知力を磨く学習時間に事欠くことはありませんでした。しかし、被支配層の子どもたちにはそうした「ひま」はなかったものの、日常の生活において人と人のかかわりの機微（情の大切さ）を学び、衣・食・住の生業活動からさまざまな生きる「技」と「知恵」を身につけることができました。まさに、そうした日常の中で、支配される生活を受け入れてきたのです。けれども、この子どもたちには、事態を対象化する（支配層と対峙する）「知」を形成するための文字文化の教育

（知育）が行われることはなかったのです。

しかしながら、集団統治の手段として民主制が採用されるようになると、事態は大きく変わります。それは原理的に、市民一人ひとりが、これまでと違い、支配基盤を支える権利と義務を背負うことになるからです。[7] といっても、これまでのように、特権層の子弟には親の財力をもって私的に文字教育が施され、求められる知力を身につける機会は十分あったものの、民主制になったからといって、すべての市民（ことに貧しい農民・労働者）には子どもたちに特権層の子弟と同じような文字教育を施す財力はなく、自分たち一人ひとりが政治に参加して、集団を支えるという意識（市民たる自覚）は十分には育ちませんでした。[8] それでも、たて前において、すべての人々には市政（国政）に参加すべく、市民たるに必要な教養（責任と義務を自覚する知識）が求められたのです。

この経過を整理すれば、長い間、日常生活者を育てるべく伝承されてきた教育（子育て）に、貴族制や王制の登場によって、支配層子弟のための文字文化の教育（支配を正当とする人格の育成）が新たに加わった、そこへさらに今度は、民主制の導入によって非特権層の人々を政治に参加させるべく、その子弟にも政治的な支配は正当だと承認させる教育（知育）を施すことになった、というわけです。しかしながら、これまでの特権層の子弟に施してきたのと同じ教育内容を、非特権層の子弟にも施すのか、それとも内容を変えて教育すべきなのか、その方途が見つからないまま、現実の歴史において、新たな政治参加者にもこれまでの特権層が培ってきた文字文化の修得が求められたのでした（非特権層の人々には、教育内容を決めるイニシアティブはなかったゆえに）。

政治的・経済的現実において、自ら働かなければ生活ができない人々と、他者の労働に寄生して自らは働かないで「ひま」をもてあます人々との階級的関係を放置し、「ひま」がある者のための教育内容を「ひま」のない忙しい者にも、政治参加する条件として同じように学習させようというわけです。こうした教育の構図が、その学習内容を再検討することもないままに、今なお学校教育にあって引き継がれているといってよいでしょう。

幼くても働かなければ生活ができない家庭の子どもたちは、その生育環境の中で、たくましく一人前になるための学習をします、つまり生まれた時から子どもたちは、日常生活者として生きる能力を身につけるべくそれぞれに「情」と「技」と「知恵」を磨いたのです。民主制においては、さらに子どもたちに別途、「知」のトレーニング（文字教育）を受けろというわけです。それも、古代ギリシアのアテネでは、体育・音楽・文芸・数学・天文学・弁論術、修辞学、哲学など、まったく日常生活に役立たない教養主義的な知識や知性を身につけるための学習が、日常生活者となるための学習を犠牲にしてでも、国政を担える市民となるべく子どもたちに求められたのだから[9]、それと同様のことをやれというわけです。

いわば支配されてきた人々が、旧の支配階層と混じって、対等な市政参加者たる市民（ポリーテース）となるためには、その権利を主張するにしても、義務をはたすにしても、その能力の証として、すぐれた知性と教養を身につける必要があるとされ、その修得を求められたということです[10]。本人たちが自覚的に選択したのではないにもかかわらず、平民から市民になるための基準を一方的に決められ、その履行を促された、それも生活の資を稼ぐのに忙しくて学習の時間がなくても、またそのような能力がなくても（人間にはさまざまな能力があり、知力だけが人間の能力ではないにもかかわらず）、理屈のうえでは求められたのです（義務を合法的に課すために）。

もちろん、そうした教養主義的教育は、十分な学習時間をもてる裕福な家庭の子どもや、与えられた教科に対してすぐれた学習能力を示す子どもたちを特権化するのに役立つものの、それ以外の者には劣等意識を植えつけることになりました。こうした現象は、現代でも同様におこっております。たて前において、どの子にもそうした教養を身につける能力があるというわけですから、それができないのは、その子が怠けているからか、市民たるにふさわしくない劣った人間だからだというわけです。そうした基準を設けて、子どもたちの選別や厳しい教育を実施した例としてよく知られているのが、スパルタでしょう[11]。

日常生活者を平民とか、庶民とか、いろいろと表現できるでしょうが、これまで、平民になるための学習を無理にやらなくても、集団の中で育っていく内に、どの子も日常生活者として仲間と助け合いながら協働できる大人になったという、幾世代にもわたる歴史的現実に我々は目を向けるべきでしょう[12]。そこには、庶民となるための評価基準はなく、だれでも庶民になれたのに、市民となるのには条件があり、一定の評価基準をクリアしなさいというわけです。農民、漁民、職人といわれた人々が政治参加するにおいて、市民として、貴族（上層の市民も含む）などがもっていたのと同等の権利と義務をもちたければ、彼らと同等の教養をもつべきだというわけです、それも特権層が一方的に決めた教養内容をです。もちろん、上層階級による下層階級への蔑視や著しい差別が正当化された時代からすれば、市民同士として対等である基準が明示されたことは、その後の改革への重要な指針となったことは否定できません。

こうした一方的な条件設定は、ヨーロッパ中世の自由都市でも見られましたし、近代の市民社会でも同様です。市政参加するための条件が、なぜ古代のギリシア・ローマ期の「知育」を中心とした教養でなければならないのか、あるいはなぜそうした伝統を受け継がなければならないのでしょうか。もちろんギリシアでは知性以外に、市民としてフロネーシス（思慮）、ディケー（正義）、カロス・カガトス（美にして善なるもの）といった徳を身につけることが求められたわけですし[13]、またプラトンでは知恵・勇気・節制・正義といった四元徳が、ポリスを維持するための理想とされたことはよく知られています[14]。

しかしソフィストの登場や、プラトンのアカデメイア、イソクラテスの修辞学校、またアリストテレスのリュケイオンなどの学校が設立された現実は、ポリスにあって知性が尊ばれ、知識・教養が重んじられたことを示しています。ローマ帝政以後のヨーロッパにあって、古代ギリシア人が理想とした人間像や、「市民」たるにふさわしい教養（パイデイアー、παιδεια）を身につけることを教育（パイデイアー、παιδεια）だとする伝統を引き継ぐことは、上層階級にとってその支配を権威づける手段となると同時に、彼らの特権性を価値づけることになったといえます[15]。

日常生活者として身につけるべき「知恵」は、教育のカテゴリーには入らず、特権層が理想とした教養を身につけさせることが、教育の中身になった経過は、右記で明らかでしょう。それも市民として市政に参加する者は、こうした教養を身につけるべきであり、教養のない者は、上層の市民から見て、対等の市民とはみなされないということでした[16]。大多数の人々、すなわち表向きは市民とされた日常生活者（庶民）は、この教養主義的な教育とは無縁に、特権層から無教養・無知だとばかにされながらも、生活者としての文化を継承してきました。こうした人々こそが上層市民たちの衣・食・住の生活基盤を支えていたのですから、他者に依存する者（寄生者）が宿主の文化を蔑視したり、軽視するのは本末転倒だといってよいでしょう。

生命体として、また集団的存在として生きる「知恵」の継承（教育）を蔑ろにして、市民的教養を身につけさえすれば集団生活（政治）はうまくいくのだという倒錯した教育観は、支配層の独善から生まれたものです。ですから、こうした教育観を、無批判に継承すべきではなかったといえます（本当の民主主義を定着させようとするのなら）。ただ現実のヨーロッパの学校教育史においては、ギリシア的教養主義が理想として引き継がれ、中世では自由学科（artes liberalis）として文法・論理学・弁論術・算数・幾何学・天文学・音楽論を、語学としてはラテン語（日常使用しない死語）を学ばせてきたために、今日までの学校教育の大筋の方向（普通科教育＝liberal arts＝知性を磨いて教養を深める）が決まったのです[17]。

日常生活世界の文化を引き継ぐ子育て（教育）は、我々が集団生活をするかぎり絶対に必要なものであるのに対して、市民的教養を身につけるための教育は必ずしも必要ではないといえます。これを逆転させてはならなかったのですが、教育の歴史は倒錯への道を邁進してきました。生きるために人と人が手をつなぎ合う「生きるための核」を育てる日常生活世界を介せずして、知識・教養といった知力で、人は生き、たがいに手をつなぎ合えるという観念は思いあがりです。

日常生活世界において育つ「情」によって、たがいがつながってこそ、知識・教養は意味をもちます。表現を変えれば、日常生活者という存在性を身につけてこそ人間となり、個人という自律的存在の基盤が確立できるのだということです。地球上のすべての者が、日常生活者であることをすて、個人へと特化することは理屈では可能ですが、現実には不可能です。もし、それが可能となった時、誰もが自分の生きることだけしか考えないゆえに、個人は子どもを産まないし、育てないために、人類は消滅するでしょう。

日常生活者であることよりも、個人、それも私的欲望を追求する利己的市民（能力主義において勝利する個人）であることの方が大切だとする倒錯した教育観が、今日の教育世界（学校教育体系）を支配しております。このような短絡的な教育観が生まれた原因を考えるうえで、そうした教育の原点ともいえる近代教育思想の諸相を概観しておく意義はあると思われるゆえ、次節で少しそれらにふれておきます。

第二節　近代の教育思想と公教育（学校教育）の諸相

ヨーロッパにおいて近代（資本主義）を準備し、支えたものとしては、プロテスタンティズム、重商主義、産業革命、そして市民革命が、一般的にはあげられております。しかし、それら以上に近代を特徴づける重要なものがあります。それは、「自我」の発見をとおして、個人と個人がつながる社会原理を構築しようとする個人主義思想です。もちろんこれは、財の私的所有を根本原則とする市民社会や社会契約論を、理論的に支える役割をはたすことになります。

近代社会を生み出す契機になったのは、ルネサンスや宗教改革であることはよく知られているとおりですが、それらを導いたのは旧体制に批判的な貴族、僧侶、大商人などです。単なる家柄（血統）や宗教的権威で社会を統率しようとする旧体制側に対して、巨大な富の増殖システムを守護すべく、豊かな教養とすぐれた知性をもつ者によって、社会は運営されるべきだという勢力の台頭がそれです。清廉で知識・教養の豊かな人格者たちが主導する国家の建設という、古代ギリシア・ローマにあって理想とされた国家像（プラトンの『国家』が下敷きになっているといってよいでしょう）をめざしておりますが、そこでの人間像はプラトンらのそれとは異なります。近代のそれは、無批判なままにポリス（古代ギリシアの都市国家）の一員たる要件を押しつけられた市民像とは異なり、意識において、国家（世界）とさえ対峙できる独立自存の自由な自律的人格（市民像）を措定しておりました。

それはともかく、新しい社会を担うためのすぐれた知性を育てようとしたのは、もはや教会でも、貴族でもなく、豊かな財力をもつ商人たちであり、そこでめざされたのは、新しい経済社会に適応でき、新しい制度的枠組みを構想できる人材の育成であったわけです。商業活動を正当化し、資本主義的生産活動を正当化し、そして高利をとる金融活動の正当化といった重責（富へのはてしない欲望を解放する社会）を担える市民の育成が求められたのです。しかしそのような市民は、どのようにすれば養成できるのかが課題となりました。その雛形になったのが、中世期にあらわれた自由諸都市での市民でした、財力をもつ大商人たちが市政参事会員として都市運営の中枢を担い、他の者は住民にふさわしい権利（自由・平等・自治）を認められるかわりに、都市（有力者の財）を守り維持する義務を負う「市民」になる、というのがそれです。

しかし、都市および農村などに生まれ育った貧しい家庭の子どもたちを、どのようにして市民たる自覚をもてる存在にするのか、つまり、新たな勢力として、国王・貴族や僧侶たちと対抗すべく、政治を担う力量ある市民へとどのように育成するのか、そしてその市民意識を正当化する思想的根拠をどこに求めるのかが、問題となりました。最初は既述のとおり、古代ギリシア・ローマ時代の教養主義（人文主義）をもって市民教育の代替とし、そうした知識・教養とプロテスタント思想によって市民意識の高揚をはかりました。その後、徐々に市民像は、「理性をもつ独立自存の個人」という人格像によって補強され、さらに社会契約論によって、市民による政治的支配の正当化に思想的根拠が与えられました。こうした思想的要件を身につけたすべての住民がたて前において、生まれた階層・地域にかかわりなく市民（公民）として対等にあつかわれ、それぞれが市政参加への権利と義務をもつ存在になるというわけです。

ややこしいのは、個人と市民の関係です、ここでその関係を簡潔に説明しておきたく思います。すでにふれましたように、古代ギリシアの市民と近代の市民は違います。近代になって市民社会が成熟する王国（イギリスを典型例として）などにおいて、住民たちは、新しい市民社会という場面で活躍する市民の顔と、従来のように国王に仕える臣民の顔の両方をもちます、矛盾するものの、両方の顔の中身は同じで、その中身が個人です。この個人が、市民社会を運営する中核として活躍します、つまり、市民社会において市民という顔をもって活躍する独立自存の主体が、個人だということです。また、社会契約論において契約をかわす主体が個人であることからも、個人という存在（概念）が、近代思想や近代社会を理解するうえでのキーワードであることは明白ですが、実は近代教育のさまざまな問題を理解するうえでもキーワードなのです。

またさらに、この個人という概念を理解するうえで、人間という存在の理解が必要となります。それは市民という顔をもつ個人になるには、人間でなければならないからです。近代教育にあって、市民の育成（または国民の育成）、個人の育成、人間の育成といった視点でさまざまに教育論が展開されるのはそうした理由からです。もっとも、「個人とは何か」とか、「人間とは何か」といった議論を正面きって本論であつかうつもりはありません[18]。ここでは、教育をとおしてめざされる人間の育成、個人の育成、そして市民の育成といった今までの教育観の批判的検討だけにとどめたく思っております。

いずれにしても、近代の教育思想が、すでに見た文字文化の継承という知育至上主義（支配層の教育文化）の系譜上に、さまざまな思惑をもって人間の育成、個人の育成、市民の育成といった視座で教育論を展開してきたことは知る必要があるでしょう[19]。しかし知育至上主義であるかぎり、それらにあって、日常生活者の育成というあたり前の教育（子育て）は、最初から教育として顧みられることはありませんでした。

近代への歴史的歩みにおいて、また多くの教育思想家たちにあって、いわゆる子育て（育児）と日常生活者の育成の違いが理解されていなかったために（本来、両者は一体のものであったため、区別して理解する必要を誰も認めなかった）、近代教育が一人の赤ん坊を個人へと成長させる方途について語れても、赤ん坊を日常生活者へと育てる意味を語ることはできなかったのだ、ともいえます[20]。そうした経過によって、現代の教育論はその限界を超えられずに、今もってその初期的限界内にとどまったままにあるといえます（教育の本旨が日常生活者の育成にあるといったことが理解できないのです）。

一　教育される人間

誰もが教育を語る場合に、教育すべき対象とするのは人間（子ども）です、しかしこの人間というコトバは、単純なようで、その解釈や理解が使い手によってさまざまに異なるがゆえに、実に多様で、理解の難しいコトバです。そこでまず、教育で取りあつかわれる一般的な「人間」観について、すこし見ておきたく思います。

近代の教育論にあっては、子どもを人間へと育てる教育観と、子どもを個人へと育てる教育観があるように、人間育成と個人育成は明らかに区別されております。人間の範疇に個人がはいるのは自明としまして、わざわざ区別するのは、市民社会を支える人格の育成を大切だと考える場合に、個人を教育論の対象とするのに対して、人間を教育論の対象とするのは、新たに生を授けられた子どもを一人前の人間（大人）へと育てることが教育であり、人間教育はどんな社会にでも共通するものであり、そこでめざされる人間像は普遍的だと考える場合です。ですから、人間の教育を主張する者は、教育を個人の育成に限定することなく、どんな社会にでも共通する普遍的な人間像を、つまり一人ひとりの子どもが生まれてから一人前になるまでの人間形成の過程を、観念的であるもののの、その教育論の射程に入れております（もちろん、近代思想の限界内において）。

たとえばコメニウスは、「人間の間に生まれつき知能の働きの低い者、鈍い者が見られることを妨げはしません。いや、そうであればこそますますこのようにすべての人をつつむ魂の開発が必要なのですし、また焦眉の急ともなるのです。申すまでもなく、生まれつき知能の働きの遅い者あるいは弱い者であればあるほど、ますます人々の助けを受けてその愚かさ鈍さからできるだけ解放されることが必要であります。開発してよくなる見込みがまるでないほどに乏しい知能は見られない[21]」として、「学校は、人間性をつくる製作場である、といった人は全くうまいことを申したものです。いうまでもなく、学校は人間を本当の人間にするからです[22]」と、学校での人間教育の必要性を説きます。

そして、「学校では、あらゆる者があらゆる事柄を教わらなければならない。……およそこの地上の住家に現われるもので、認識されないものもなければ、適切な判断が下せないものもなく、危険な過失を犯さずにじょうずに間違いなく利用できないものも一つもないように、してほしいのです。……ひとりの例外もなく、学校にいる間に、またそのあとでも学校の力によって一生をかけて、一つには、知識と技術とによって知能を開発し、二つには言語を洗練し、三つには、本当の徳行に向かって性格を形成し、四つには神を心からあがめるように、仕向けられなくてはならないのであります[23]」というように、人間として学ぶべき内容に言及しております。

要は、人間を人間らしく育てるのが、教育（学校教育）だというわけです。しかしながらそこでは、彼が目にしてきただけの狭い視野のもとに人間像が限定されてしまい、「人間とは何か」といった根本的主題については論及されることがなかったために、だれもが納得できるような明確な人間像は示されておりませんでした。それは、十七世紀のヨーロッパという、混乱した時代に生きた彼の限界だといえるでしょう。なぜなら、まだ知力を磨くことと人間らしさを身につけることを同一視しているからです。子どもたちが知力を磨き、すぐれた理性を身につければ、社会にあって争いや混乱はなくなるという発想のもとに、人間らしさとは理性を身につけることだという、短絡的理解にとどまっているということです。せっかく、人間の教育という視点を、それも貧富の差、身分の差、男女の差、地域の差を超えた人間の育成をその教育論の中核にすえながら、めざされるべき人間像は貧困でした[24]。

どんな基準で人間らしさを決めるのか、そこがまず問われるべきだったのです。しかし彼同様に、それまでの教育論にあっては、それぞれの思想家が勝手にすぐれた理想の「人間像」を決めてきました。もちろん、誰もが納得のいくそれなりの雛形があったわけで、それは、これまでの王侯・貴族たちが人格者だとしてあこがれる人物たち（ソロン、ソクラテス、プラトン、アリストテレス、キケロなど）でしたから、理想とされる人間像は、特権層たちの好みを映し出しているといえます[25]。そのため、貧しく虐げられた奴隷階級、文字も知らないし、計算もできない無知で無教養な農民・職人など、社会的劣位におかれた人々を、その教育論において、理想の「人間像」とすることは決してありませんでした。

白紙状態の子どもに、特権層が理想としてきた人間像をさし示し、示されたとおりの像を心に刻み込むように指導する、うまく取り込める子が優秀で能力があるとされ、またそのように指導できる教師が有能とされました。しかし、こうした押しつけ教育に異議を唱える人々が出てきます。

その中の一人であるルソーは、「不確実な未来のために現在を犠牲にする残酷な教育をどう考えたらいいのか。子どもにあらゆる束縛をくわえ、遠い将来におそらくは子どもが楽しむこともできない、わけのわからない幸福というものを準備するために、まず子どもをみじめな者にする、そういう教育をどう考えたらいいのか。たとえ、そういう教育が目的において道理にかなったものだとしても、たえがたい束縛をうけ、徒刑囚のように、たえず苦しい勉強をさせられ、しかも、そうした苦労がいつか有益になるという保証もない、かわいそうな子どもを見て、どうして憤慨せずにいられよう。快活な時代は涙とこらしめとおどしと奴隷状態のうちにすごされる[26]」と、当時の教育を批判し、子どもたちを鋳型にはめることが教育ではない、といいます。

彼は教育には、めざされるべき鋳型などはなく、子どもたちにはそれぞれに自然から与えられた潜在的な能力がある、だから教育の役割は、そうした能力を引き出してやることだというのです[27]。また大人さえ邪魔をしなければ、子どもはその固有の能力を自分で、その与えられた環境に応じて引き出し、生きていくともいいます。

つまり、「かれは子どもとしての生活を生きてきた、かれはその完成を自分の幸福を犠牲にして手に入れたのではない。そうではなく、二つのものはたがいに協力し合っているのだ。その年齢にふさわしい理性を完全に獲得しつつ、かれの素質が許すかぎりにおいて、かれは幸福であり、自由であったのだ。……かれが死ぬことがあったとしても……少なくともかれはその子ども時代を楽しんだのだ。わたしたちは自然がかれにあたえたものをなに一つ失わせるようなことはしなかったのだ[28]」と、教育の基本姿勢を示します。同じ人間の教育を主張するにしても、基本的な人間に対する考え方が、古いタイプのそれとは、大きく異なります。

さらに、ルソーの示した教育観にそって、ペスタロッチは、「人間の知恵のすべては、真理に忠実な善き心情の力に基づくものであり、人間の幸福はすべてこの単純素朴な感性にもとづくものである。人類をこのような純粋な、単純素朴の心情のうちで教育すること、これは、まだけがされていない人間心情の根源をして人類の知性の発達を守り、正しい方向に導かせようとする神の思召しである。この人間性の内にひそむ諸力を純なる人間の知恵にまで、万人にひとしく高めることが、もっとも下層の人々を含めて、すべての人に共通な一般的人間教育の目的である(29)」と、述べました。

さらにその後を受けてフレーベルは、「意識し、思惟し、認識する存在としての人間を刺戟し、指導して、その内的な法則を、その神的なものを、意識的に、また自己の決定をもって、純粋かつ完全に表現させるようにすること、およびそのための方法や手段を提示すること、これが、人間の教育である(30)」と、教育のなすべき役割と視座を示しました。自由教育とか、自然教育とかいう場合には、このルソーらの考え方、すなわち子どもたち一人ひとりのポテンシャルを信じ、引き出し、育てるという姿勢をさします、それは現代へとつながる教育思想の大きな潮流となりました。

こうした思想は、子どもたちを健やかにのびのびと育てる教育論の論拠としては画期的であっても、知識教養を施す段になると話は別でした。膨大な知識を身につけることは、子どものポテンシャルを信じるだけでは不可能で、やはり大人の教育的作為が必要でした。子どもたちを自然なまま自由に育てることと、既成の文字文化をつめ込むこととは教育方法としては異なりましたから、自由にのびのびと育った子どもが、学校教育において突然に、教養至上主義のつめこみ教育に直面しても、挫折しないための工夫をするなり、教養至上主義に代わる新たな教育内容なり、教育方法を構築する必要があったといえます。

ルソーなどの直観的な人間像に基づく教育思想は、生まれてから「知育」をはじめるまでの子どもの教育には、今もって有効だといえます。なぜそうなのかといえば、この間の子どもは、生命体として生きるための本能を起動させつつ、集団環境や自然環境に適応すべく、さまざまな情報を取り込みながら自分なりの生き方のスタイルをつくりあげるからです。つまり、それぞれの子どもは、与えられたさまざまな環境に精いっぱい適応しようとしますから、個々人の適応能力を全面的に解放してやることは、当該の環境にもっともふさわしい自分の生き方を身につける機会を、子どもたちが手に入れることを意味します。それゆえ、人間として生まれたかぎりは、自然なままに、自由にのびのびと育ててやる、その意義は普遍的であり、重要だといってよいでしょう。

しかし、ルソーらの教育観は、子どもたちが自分自身で、衣・食・住を賄って生きる術を学ぶことではなく、また仲間と助け合い、協働する日常生活世界での生き方を学ぶわけでもなく、ただ純粋培養的に子どもたちの成育を大人たちの恣意的干渉から守れば、豊かな感性と知性をもった人間（個人）へと育つという発想です。しかし、衣・食・住の生業現場にかかわることなく育った子どもたちの成人後（個人）は、資本主義経済の一翼を担い、欲望の体系のもとで人と人を分断する社会システムを保守する人材となるだけです（幼児期での豊かな人間性を披瀝する機会のないままに）。

そのような限界があるとしても、我々はこの教育的人間観を、ただ否定的にあつかうべきではありません、すばらしい発想を秘めておりますから、ここから多くを学ぶべきでしょう。そのためには、彼らの視点を若干軌道修正すればよいのです。すなわち、幼少年期にまずすべきは、知性の育成よりも、衣・食・住の生業現場にあって自然と共生する生き方を体験することであり、仲間と助け合って生きる共生への心情を養うことです。つまり、自然や仲間を慈しみ、大切にする「情」を育てることを第一義とすればよいのです。

では、子どもたちを教養至上主義という鋳型に押し込むようなルソーが嫌った教育は、今日ではなくなっているのかというとそうではなく、この教育観は根強く引き継がれております。それが、現状の社会体制を肯定するのに有用であり、特権層とその子弟たちが安穏に暮らすうえで有効だからです。豊かですぐれた知識・教養をもつ人間を理想として、子どもたちにそうした人間像をめざして学習しろ、しかしそこに生まれる能力差によって自分たちがランクづけられ、差別されることをも承認しろ、という教育です。そしてそれは、そうした学習において有能であることを証明した者たち（特権層）への服従を、有能でないとされた者たちに承認させる教育でもありました。

この合理化された差別を受け入れる従順な子どもたちを生み出す教育システムは、現状維持を望む特権層にとってはいつの時代でも有用なのです。たとえば、世界的潮流として二十世紀を席巻した社会主義思想が、額に汗して働く農民や労働者を理想的人間像として描き、子どもたちにそうした人間になれと奨励していながらも、現実の社会主義国では、知識・教養による人間のランク（権威）づけが行われ、支配の合理化に利用されたために、子どもたちにとっての理想的人間像が、額に汗して働く農民や労働者ではなく、知識・教養（学歴）のある人物（社会的地位と高額の所得をえる人物）であったことからも、この教育システムの「支配の正当化における有用性」は明らかでしょう。

このように子どもたちに押しつけられる「人間像」は、大人の勝手な思惑でつくられるわけですから、子どもたちはその作為に翻弄されるべくして育ち、その一生を浪費して終えるだけのことになります。そういう意味では、ルソーの告発は正鵠を射っていたわけで、ルソーの人間教育が今も多くの人たちに共感をよびおこすのは、子どもたちには特権層の思惑を越えて自由にのびのびと生きてもらいたいと、多くの大人（日常生活者）が潜在的には願っているからでしょう。

いずれにしても、今自分たちの生きている社会システムや文化などを保守したいとする時、現状肯定型の人間を育成するのは当然でありますから、そうした場合、鋳型にはめる教育観は有用でありつづけます。子どもには自由に生きてもらいたいという願望（自然主義）と、子どもには現状を引き継いでもらいたいという願望（既得権益を守ろうとする保守主義）が大人たちの間に同居し、両者が拮抗しながらも、結果的には現状肯定派（保守主義者）がイニシアティブをもちつづけてきた、これが歴史的経過です。

人間というコトバの定義が曖昧であるために、その解釈や理解度によってさまざまにその人間観は異なり、人間観をめぐり対立さえ生じ、今日なお世界各地で殺戮劇がおこりつづけています。自由にのびのびと育つはずの子どもたちが大人になると、殺戮劇の加害者になったり、被害者になるといった悲劇は、教育の場におけるその人間観がいかにお粗末で、歪なものであったかを証明しているといってよいでしょう。

人間という概念は、普遍的でなければなりません。普遍的であれば、自分たちの国家や宗教では、人間とは「こう」であるが、他の国家や宗教では異なる、自分たちが正しいのだから、他の誤りは正さなければならない、といった独善は成立しえないのです。しかし現実は異なります、お粗末で恣意的（偏狭）な人間観に基づく教育、それが子どもたちを悲劇に陥れるのです[31]。

悪しき人間観（自己の利益のために他者を道具として利用したり、したがわない者の差別や殺戮を正当化したりする人間観）や、それに基づく教育を排除すべく、我々には具体的かつ本質的な人間の生きる活動の諸相から「人間」を捉えなおし、その具体的かつ本質的な人間像をもって「教育」を再生する必要があるでしょう。ルソーらの限界はともかく、その真意を引き継ぐためにも、これまでの未熟な「人間像（教育観）」と決別すべく、本論では安易に人間というコトバを使わず、「情」に基づく人と人のかかわりを大切にする日常生活者の育成を教育論の基本視座におくのは、そうした反省によります。

二　教育される個人

近代（現代）社会を理解する鍵は、「個人とは何か」を知ることにある、といっても間違いありません。個人とは、身体が他者と分離独立して、別々にあるといった物理的なことは当然として、その本質的意味としては、精神的に他者とは別の自律的存在性を各人がもっているということをさすコトバです。現実場面では、それぞれの精神的自分性をたがいが尊重しようとする時に使われます。その結果、自分（自己）というコトバはその内面世界の総体をさす場合に使い、個人というコトバは外界に対する自分（自己）性をさす場合に使う、ということになります。そういう意味では、個人主義とは、外界の他者に向かって、それぞれがその自分性を尊重してもらいたいと訴え、相互がその訴えを尊重しましょうという姿勢を意味するコトバだといえます（孤島に一人しか住んでいないのに、声高に私は個人主義者だと主張することは、無意味でしょう）。

このようにみると、個人とは木の実でいえば殻にあたり、中の実が「自分」だということになりますが、現実社会では自分という私的な存在性（中の実）が相手にされることはなく、普通は個人という外面の存在性（殻）が重視されます。ですから、誰もその中の実がどのようなものかを知らなくても、誰もがその個人を一定の要件を備えた人格として接します。もちろん、他者からみれば、実体（中の実）を見せない顔が個人ですが、自分からみれば、個人とは実体をともなう顔だということになります。

教育があつかう対象は、述べるまでもなく中の実の方、すなわち自分（自我）という私的な内面の存在性の方で、ここを育てることで子どもが一人前の個人（人格）へと成長する構造になっていました。しかし形骸化が進んで、今日では内面（人格）の育成よりも、外面を繕う能力（知力や知識）の向上に腐心することが教育（学校教育）の仕事になってしまいました、そこが問題です。立派な殻さえ備えていれば、中の実がどのようなものであろうともかまわないというわけです。つまり知力や知識さえあれば、立派な個人とみなされるという問題です[32]。

自分と自我は厳密には違います、デカルトの「私は思う、ゆえに私はある（cogito ergo sum）[33]」で到達された立場は、世界と対峙する存在としての「私＝自我」の確立です、それは近代的自我といわれますが、要は、不分明な世界を論理的に認識する能力をもった自分（世界を明晰・判明に捉える自分）のことを自我とよんでよいかと思います。この自我と個人を同一視するのが普通ですが、自我はまだ内面にとどまる概念ですから、これも厳密には区別すべきでしょう。比喩的表現としてエリクソンの「自我同一性」[34]というコトバだけを借りれば、日常をただ単純に生きる自分を、個性化し、理性化しようとするのが「自我」であって、そのような自我に啓蒙される自分（日常を生きる自分でありつつも、その日常を対象化し理性的に認識しようとする自分）の顔を他者に向けているのが「個人」（自分と自我の統一＝自我同一性）だといってもよいでしょう。

ですから、私的な感情、つまり、なまの自分を抑えられない個人（自我による統制の緩い人間）もいれば、感情を抑え理知的にふるまう（なまの自分を抑えられる）個人（自我による統制の厳しい人間）もいるわけで、今日なお個人であるための一般的基準はありません。もちろん、近代思想が個人に求めた理想が、自我の確立であり、自律的人格（理性的存在）の形成であったのは、述べるまでもないでしょう[35]。

近代社会はこのような構造をもった個人という存在（概念）を軸に、構想されたといえます。構想された当初、この個人はきちんと自我（自分）を確立している一人前の大人、つまりそれなりの条件をクリアした存在（理性的存在）を意図して使われたコトバであり、外面的にも内面的にも一人前であることをさしました。しかし今日では、赤ん坊ばかりか、母胎内の胎児にも個人としての法的な権利を認めようとしております。先に述べました精神的な成長を無視し、生物的な個体性の徴表をもって人間＝個人とし、そこに人格を認めようというわけで、外面的に、生物的な自足運動をしはじめれば、その者を個人と認めようというのです。内面的な自分が、個人という人格的存在性をつくりあげるのを待つのではなく、他者（国家）が個人であるかないかを恣意的に決めるのです、このように個人というコトバは曖昧だったといえます。

個人というコトバは、決して胎児や赤ん坊、または乳幼児を個人と認定するために使われはじめたのではなく、きちんとした内面の人格を備えた存在に与えられるコトバであったはずです。おそらく当初、人々の思惑は、誕生後の赤ん坊がそれなりの教育を受けることで、自分らしさを身につけるべく育ち、さらにその後、知識や教養をもって知性を磨くことで、個人（理性的存在）へと成長できる、といったところにあったのでしょう。しかし、そこでは、人格の中核たる人間性（情）を育てるのには日常生活者性（衣・食・住の生業現場での生産と消費の担い手たる存在性）を身につける必要があることなど、考えもしませんでした。すぐれた知性だけをもつ子弟（個人）の育成をめざした上層階級にとって、自分たちが劣等軽薄とした庶民文化（日常生活者性）を身につけさせる意味を理解することは不可能でした。

近代の教育思想家たちの多くは、まだ半人前の子どもを大人へと、それも責任ある一人前の大人（個人）へと育てるためには教育が必要だと考えました。[36] すなわち、責任ある一人前の大人こそが個人でしたから、教育が、それも「知育」（教養主義）こそが、半人前を一人前するのであり、無知な子どもを自律的な人格（個人）へと育むのだと考えたわけです。[37] そういう意味では、無知な（教養のない）大人を、特権層は一人前（個人）とはみなしていなかったといえます（温かな人間性のない個人よりも、温かな人間性のある無知な庶民である方が大切であったはずですが）。

近代市民社会にあって、社会を維持するのには市民が必要である、だから市民を養成するのだというわけですが、その市民の規格見本は古代ギリシア・ローマ時代の市民であり、中世自由都市の市民でした。それは、「読み・書き・計算」はもちろん、豊かな教養とすぐれた知性をもつことを理想とされた人々でした。それゆえ、そこでは教育（知育）によって、半人前の子どもがすぐれた知性をもつ一人前の個人（市民）になることは、当然とされたのでした。こうした考え方は、現代においても踏襲されてはおります。しかし、豊かな人間性（日常生活者性）が育まれてこそ個人となる準備が整うのであって、豊かな人間性をもたない子どもに知性を身につけさせても仕方がなかったはずです。つまり、子ども時代に豊かな人間性を育まれ、そして知的に教育されて自律的な個人となるという順序が、暗黙の前提とされていたはずでした。

「知育」によって個人性を育てるといった発想の根本は、人間の内面性である「自分」を豊かに育てるのが教育だというのではなく、市民生活するうえでの外面的な交わりを担う個人の育成こそが教育だとする姿勢にあります。もちろん、それぞれの子どもにおいて、外面を繕う知識・教養が内面の形成に大きな影響を与えることは当然あるとしても、そこでめざされた教育の目的は、規格に合った個人を製造することであったといえます。こうした教育に求められたのは、支配層の子弟、またはその予備軍志願の子弟たちを一人前の個人（内面の質を問われない人間）へと鍛えることであって、人間性を育てることは目的化されませんでした。もっとも、以前は、貧しい農民・労働者の子弟にはそうした知育さえ縁はありませんでしたが、フランスでは市民革命後、原則としてすべての子どもたちに等しく、一人前の個人たるにふさわしい教育〈知育〉の機会〈公教育〉が与えられるようになります、人間性を育てることは別としてです。

当時の子どもにしても、なぜ学校で、あるいは家庭教師のもとで数学、天文学、修辞学、神学、ラテン語などを学ぶことが個人として認められる条件なのか、納得いかなかったはずです。ことにそうした「知育」を苦手とする者には、その学業期間は苦痛でしかなかったでしょう。ただ、今もそうですが、この修行期間を過ぎれば（学校を卒業すれば）、それらの学科のすべてを完全に理解し、身につけていなくても、外面的には個人（市民）としての権利と義務は誰にも妨げられることはなかったわけですから（個人となったことを証明する資格試験があったわけではありません）、そのような教育は無意味だといえば無意味であった、といえます。もっとも、一人前だと主張すればするほど、身につけていない恥ずかしさは残りますが。

いずれにしても、豊かな人間性を身につけることを主眼におくことを忘れた教育、これが近代教育でした。ことに教育の民主化の名のもとに、すべての子どもに脈絡のない「知」の体系的学習が実施され、強制された時、喜ぶ子どもがいた反面、理解できないゆえに悩み苦しむ子どももいたはずです。それは今日なおつづいているといえます、ことに学校教育への適応をさまざまなかたちで拒否する子どもたちの存在が、その証明だといえましょう。

それはともかく、学校教育にあっては、規格に合っている個人を育成するよりも先に、豊かな内面（自分）を形成できる教育に取り組むべきでした、そしてそのうえで、知性を磨き、理性的存在としての個人の育成へと向かうべきでした。またそのためには、まずどのような学習をすべきか（学習内容）が検討される必要があった、といえましょう。[38] たしかに公教育の歴史は、最初からそのような手続きを踏んではじめられたのではないゆえに、過去の経過を責めても仕方がありませんが、こうした反省は、教育の今後のあり方を考えるうえで必要だといえます。

三　教育される市民（国民）と公教育

市民とは、古代ギリシア語のポリテース（πολιτης）、ラテン語のキウィス（civis）にはじまり、英語のシティズン（citizen）、フランス語のシトワイアン（citoyen）、ドイツ語のビュルガー（Bürger）などへとつながるコトバで、それは都市の自治的担い手を意味しました。これがヨーロッパ近代のはじまりとともに、都市以外の地域をも含む社会全体の自治的担い手の意味を付与され、今日にいたっておりますが、これを公民と訳す方が理解しやすい場面もあります。それはともかく、この伝統的な政治的概念としての市民に、個人としての存在的意味を付与されたのが近代の市民という概念です。つまり近代において、市民というコトバは、個人というコトバと連動することによって、それまでとは異なる独自の意味をもつようになったということです[39]。

このように市民と個人は、コトバとしては違っていても、近代市民社会においては公私の関係で使いわけられるだけで、一般的な意味としては同じことになります。ただ市民は、公的な制約を受ける個人という意味で使われるため、どこまでも私的である個人（自由な存在）とは区別して使われます[40]。しかしながら市民と国民は異なります、どんな国でもその国家の住民（人間）は国民となるものの、国の形態で国民の義務と権利は大いに異なるのに対して、市民には明確な市民としての共通する条件があって、どんな国であっても市民社会を成立させているかぎりにおいて、市民は同じような「権利と義務」が課せられます。個人としての政治的自由（自治権）を認めない独裁（封建）国家の住民も、個人としての政治的自由（自治権）を認める民主国家の住民も同じく国民とされますが、前者の住民を市民とはいえないのに対して、後者の住民は市民でもあるわけです。

市民あるいは市民社会について、わざわざここで説明する必要はありませんが、一応確認のために『広辞苑』を見ますと、「市民とは国政に参与する地位にある国民、市民権とは市民としての行動・思想・財産の自由が保障され、住居する土地や国家の政治に参加することのできる権利、市民社会とは自由経済にもとづく法治組織の共同社会をいう、近代国家の基礎とされ、必ずしも都市住民の結合にのみ限らない。その道徳理念は自由・平等・博愛」と、書かれております。要は、自由・平等・自治の権利をもつ市民が、それぞれの財産を守るべく、相互の立場を尊重しあう法治組織、それが市民社会だというわけです。

これでわかりますように市民の育成とは、必ずしも個人の育成と同じではありませんし、当然に人間の育成とも違います。よって、その形式的な教育目的は、「市民としての権利と義務を自覚できる子どもの育成」にあるというふうに限定せざるをえません。しかしながら市民を育成するためには、「読み・書き・計算」を基礎とした「知育」は不可欠です、さらに個人としての人格的自律意識の形成、また人間らしさの涵養、といったことなども加わり、市民を育成するのに市民教育のみでは不完全だということになります。

つまり、どこまで人間たる教育をし、どこまで個人としての教育をしたうえで、市民としての教育をするのか、といった配分の問題が生じます。今日なお、明確な市民育成のための教育指針やカリキュラムが決まらないのは、そうした教育すべき対象の全体像が定まらないからです、さらにいえば、教育の本質的な目的が明確でないからです。

それはともかく、市民の育成が公教育としてはじめられたこと自体にも、その教育観を複雑化させている原因があるといえます。公教育（学校教育）という発想は、民主的な市民社会を確立するためには、一部の階層のみが市民としての知的自覚（権利と義務の意識）をもっているのではなく、構成員全体が自覚的に当該社会に責任をもつ必要がある、そのためにはすべての子どもに、市民たるにふさわしい教育を施すべきだ、といった考え方から生まれました。[41]

「ニューイングランドが……その植民地への入植当初において……教育費無償への第一歩をふみだしたのであった。その第一歩は、……法的には、飢えていても一粒の穀物をとることも、凍りつく足に一足の靴下をはくことも許されない貧しい人びとが、金持ちのポケットに手を入れて、『あなたは、私を教育する義務がある。あなたの意志とかかわりなしに、つまり私の望むゆえに、私を教育しなければならない。たんなる基礎的な教育だけでなく、さらに職業的教育としての言語、科学、有益なる学芸、高尚なる芸術についても教育しなければならない』と、要求してよいと決定されたのであった。子どもは国家によって育成されるべきであり、しかも公費によって、知識の初歩的なものから、最終的には芸術科学に関するもっとも滋味ある研究成果にいたるまで教えられるべきである」[42]というエマーソンの一文は、アメリカにおいて、公教育が実施されるにいたる経緯をよくあらわしているといえましょう。

このように本来、すべての子どもは貧富による別（差別）なく、公平に教育を受けて、市民としての権利と義務を自覚し、社会に責任をもてる市民になれるはずだったのですが、現実はそうした理想とかけ離れていました。イギリスではマンデヴィルなどが、貧しい農民・労働者には「読み・

書き・計算」の知識さえもいらないと主張しておりましたものの[43]、産業革命にともない、労働者にも最低限度の「読み・書き・計算」の知識は、作業を能率的にするうえで必要だとするスミスなどの意見が登場することで[44]、やっと十九世紀後半よりすべての子どもたちに最低限度の文字文化を身につけさせるべく、公教育の実施が求められたにすぎません。それも、児童を劣悪な環境の工場で働かせるべきでないという配慮からの、ネガティブなスタートでした[45]。

フランスでは、十八世紀中ごろに「国家に奉仕する臣民」の育成を掲げるラ・シャロッテの学校教育論があらわれますが、それは中・上層階級に向けてのものでした[46]。しかし、フランス革命によって公教育に対する期待が高まる中、「教育は、すべてのひとのために存在すべきである。というのも、それは、共同体の利益のひとつであると同様に、また、共同体の結果のひとつであるがゆえに、共同体メンバーの共通の財産だと、結論すべきだからだ。したがって、だれひとりとして、それが正当だとして、そこからしめだされることがあってはならない。そして、私有財産のいちばんすくないひとは、この共通の財産に参加するのに、いっそうの権利をもっているようにさえおもわれるのだ[47]」という提案が、タレーランによって議会に出されます。

それは無償であって、その主たる教育目標は、「こどもたちに、将来市民となることをおしえることである[48]」と、宣言しました。また学校で教えられるべき内容は、「1、この社会の憲法を知らせること　2、憲法を守護すること　3、憲法を完全なものとすること　4、そして、なかんずく憲法ぜんたいに先行する道徳、また、憲法以上に、世の幸福の護衛兵であり、保証人たる道徳の、諸原理をふかく心にとどめること[49]」だといいます。明らかにこの内容は、市民教育の何たるかを示していたといってよいでしょう。しかし、議決にはいたりませんでした。

タレーラン案の後を受けて、コンドルセは、「公教育は国民に対する社会の義務である。人間はすべて同じ権利を有すると宣言し、また法律が永遠の正義のこの第一原理を尊重して作られていても、もし精神的能力の不平等のために、大多数の人がこの権利を十分に享受できないとしたら、有名無実にすぎなかろう。……金持の子どもと貧乏人の子どもとは、もしも公共の施設による教育によって、かれらを接近させることが全くなされないならば、けっして同じ階級のものにならないであろう。……それゆえに、権利の平等をできるかぎり実際に普及せねばならないという見地から、社会は、人間として、家庭の父として、また国民として、共通の職分をはたし、それに関するあらゆる義務を感知し、認識するために必要な教育を、各人に得させることをその義務としなければならないのである[50]」と、公教育の基本的性格を明らかにしました。

そして、「公教育は知育のみを対象とすべきである。……残余の教育はこれを家庭に委ねるべきである[51]」と、公教育の守備範囲を「知育」に限定すべきだと主張します。しかしその内容は、「1、自分の能力や、教育に充当できる時間的余裕に応じて、職業や趣味のいかんを問わず、すべての人が承知していることが良いと思われることがらを、国民のすべてに教えること　2、一般的利益のためにそれを利用し得るように、それぞれの問題についての特質を知る手段を確保すること　3、将来生徒たちが従事する職業が必要とする知識をかれらに用意すること[52]」といい、必ずしも無味乾燥な知育至上主義ではありませんでした。

しかしその後、国民議会へ提出する報告において、予算の問題もあってか、中学校・アンスティテュ・リセー以後の学業においては学費がいることとなり、学習の経済的保障をえられる裕福な家庭の子どもたちがその対象とされました。また学習内容も、科学的な知識や思考力を求める無味乾燥なものとなり、決して市民育成のためのカリキュラムが構想されているとはいえません。そして多くの貧しい農民・労働者の子どもたちには、小学校までの学習保障をするものの、それは「読み・書き・計算」といった基礎的な学習程度まででした[53]。また、革命の混乱の中、彼の案も成立しておりません。

これらのほかにも、革命期にはすぐれた公教育論があらわれました。たとえば、G・ロムは、「知識と美徳の源泉たる公教育は、いわゆる知育（la instruction proprement dite）に属することも、また、訓育（la education）に属することも、ふくんでいるのだ。知育は、精神を啓発し、あらゆる知的能力を訓練し、思考の領域を拡張する。訓育は、性格を発達させ、有益な刺激を魂にきざみこみ、心のうごきを制御し、意志を誘導し、精神の諸観念を行為へとうつして、活動させる。そして、習俗の維持者として、訓育は、行動と思考とを、良心の法廷にかけることをおしえる[54]」という、大変すぐれた深い洞察を示しております。もしこの後の教育論において、この「知育」と訓育の区別や、訓育の意義が、人々に理解され、継承されていたなら、今日の教育は随分変わっていたでしょうし、現在のような教育問題はおこらなかったといってよいほどです。

残念ながら、ナポレオン以後の共和政の後退によって、公教育の内容も市民の育成という色がうすれ、これまでの「知」の体系に基づく学習へ、それも産業労働者に必要とされる基礎的な学習の場へと、学校教育は位置づけられていきました。それは、全国の子どもすべてに高度の教育は要らないという意見と、全員に初等レベル以上の教育を受けさせる財源がないという経緯によって、公教育が実施されたからでした。もちろん実際には、そうした学校教育さえ受けられない貧しい家庭の子どもたちが多数いたわけですから、この取り組みも歴史的には十分な意義があったことは認めるべきでしょう[55]。

いずれにしても、市民を育成するための新たな教育内容（指針）が検討されることなく、旧態依然とした「知育」偏重の学習内容が学校教育にもち込まれ、すべての子どもたちに権利（義務）として学ぶように義務（権利）づけられたというのが実態です。どんなに貧しい家庭（農民・労働者）の忙しい子弟（親の生業の手伝いなどで）であっても、どんなに財力のある家庭のひまな子弟であっても、学ぶべき内容は共通である、それも日常生活に役立たない知識や教養でいいというのですから、新しい市民社会をつくるにしては新鮮味がありませんでした。そして豊かな家庭の子弟は高等教育を修めるように求められたのに、貧しい家庭の子弟は、初等教育で十分とされたのです[56]。「知育」においてすぐれた能力をもつ貧しい家庭の子どもには、教会などの支援で高等教育を受ける機会が与えられましたが、それは既存の支配構造を支える有能な予備軍が必要だから学習の機会をもてたにすぎません。

このような知力（学歴）による子どもたちの序列化が、自由・平等をたてまえとする市民社会にあって何の違和感もなく、公教育（学校教育）の場にもち込まれ、子どもたちを差別化してきました。中世以来の刻苦勉励型の学習体系を公教育にもち込み、子どもたちに義務的に学ばせることは、特権的地位にある人々の善意（自己保全の欲望）によるとしても、決して子どもたちを喜ばせるものではありませんでした。まして、そのことによって自分たちが序列化されていく現実は、納得いかないことだといえましょう。たしかに今日、公教育は、狭小な教養主義（理数系の学習をとおした産業労働者の養成）ばかりでなく、さまざまな教育論（人間教育や個人教育）からの学ぶべき要素を取り入れ、さらに市民的自覚を促す教育をも盛り込むようになってきましたから、いちがいに無味乾燥な学習の場だとばかりいえませんが、知育至上主義の体質に変わりはないといえます。

現代のように、家庭教育や地域教育が放棄した、あるいは放棄させられた教育内容を補うべく、いろいろなことを学校で教えればよいという風潮は、学校教育への期待を大きくし（知育の場でしかないのにもかかわらず）、学校への過信を生みました。そのすべてに対処しきれない結果、一部では校内暴力・不登校・いじめなどがおこり、そこから学校への不信を生み、さらに学校教育（公教育）はそれ自身の本質的な役割を見つけ出せないまま、今日では不要だとまでいわれるようになっております。市民社会を担う自覚をもった市民の育成を図ろうと構想された公教育は、それ自身の厳しい内容検討がなされないまま、安易に知育至上の教養主義を引き継いだため、その本来の役割（庶民を市民へと育てあげる）をはたせなくなったということです。

第二章　近代（現代）における公教育の限界

我々がふだん、教育というコトバを使う場合には、だいたい学校での教育をさしております。それもすでに見てきましたように、近代にいたるまでは、特権層の子弟が文字文化を修得することをさし、近代以後では、公的機関が、すべての子どもに「文字文化」と「市民としての自覚」を学ばすことをさしました。もちろん近年、それら以外の子育て、訓育なども学校で行うべきこととされ、教育というコトバに対するイメージは複雑です。そこで、混乱を生み出す原因ともなった曖昧な公教育=学校教育といったコトバの適用をきちんと整理し、それらと人間育成や個人育成のかかわりを検証することは、現状の公教育が抱えている諸問題の本質を明らかにするうえで、決して無駄ではないでしょう。

近代以前では、貴族・僧侶・資産家階層の子弟向け教育は、私立学校あるいは家庭教師が担ったわけですが、貧しい家庭の子どもたちはそのような機会に恵まれず、少し余裕のある家庭でも子どもを寺子屋のような、少しは読み書きができる者のところへ習いにいかせる程度でした[1]。またそこで子どもたちが学ぶ内容は、「読み・書き・計算」といった「知」の体系の基礎でしたから、教育とは文字文化を身につけることであり、学校とはそのような学習の場だというイメージが定着しました。

また、英語のスクール（学校、school）の語源がギリシア語のスコレー（ひま、σχολη）であることは、ギリシア人が労働から解放された自由な時間をもてる生活を理想とし、さらにその時間を豊かな教養のためについやする人を尊敬したことによります。このように学校とは、「ひま」のある者（経済的に豊かな者）が教養を身につけて、徳のあるすぐれた（集団を支える特権層の一員たるにふさわしい）人物になるための学習の場であった、ということです。

今日の学校は、生徒、教員、建物の三要素がそろった場を意味します、もちろん建物がなくても、生徒と教員が集まれる場所があれば、学校という学習空間が成立しているわけですが、ここで肝心なことは今日の生徒が「ひま」であり、すぐれた知性と徳のある人物になりたいと望んで登校してきているのか、という検証をすることです。すでに明らかなように、公教育として設置された学校で学びたくもないこと（知の体系）を学ぶ子どもたちと（もちろん、当該の教育内容を喜んで熱心に学ぶ子どもも多数おりますが）、古代や中世の時代での私的な学校で富裕な親の要請だとはいえ自発的に、支配層が理想とする教養を身につけたいと望んで学ぶ子どもたちとは異なります（すべてが自発的にかつ熱心に学んだとはいえないでしょうが）。

もちろん、公教育は、公的な費用負担によって、すべての子どもたちに平等に教育を受ける機会を与えようという善意から設置されております。それゆえ、貧しさゆえに教育を受けられない子どもの存在をなくそうという決断は、歴史的に見て有意義な大転換であった、ということは誰もが認めるところでしょう（学習内容がきちんと検討されていたならば）。大人の善意が子どもに伝わり、すべての子どもたちが学校へ喜んでいき、熱心に学習に取り組むならば、公教育の理想は見事な花を咲かせた、といえます。

「読み・書き・計算」の能力をはじめとした「知」の体系を身につけることが、豊かな人間性を育み、個人として、また市民としての自律的人格を確立する第一歩であるという理解は、近代の教育思想においては常識でした。そのため、公教育、すなわち学校教育において、「読み・書き・計算」が、絶対的な必履修の学習として位置づけられたことは、既述のとおりです。

しかしそこでは、子どもたちに何を学びたい（学ばせたい）のかを問うことなく、日常生活で直接的に役立つとは思われない内容を大人（支配層）が一方的に決めて、問答無用に押しつけてきたのが学校での学習です。ちょうど赤ん坊を育てる時に、こうしなさい、それをしてはだめ、などと訓育するのと同じようにです。市民（集団社会）の一員になるにはこの学習は不可欠であり、この学習をしない者は市民（集団構成員）たる資格はないというのが理屈でした。無味乾燥な教育内容を身につけるべきだとする論拠は、薄弱であったにもかかわらずです。

いろいろな民族において、おおむね、子どもはその親の所属集団の一員たるべく育ち、成人の儀式（通過儀礼）などをへて大人の仲間入りをはたします。そこには問答無用の強制力が働いておりますから、市民社会の場合でも、同様の条件（知育をとおして市民たる自覚をうながす）を課しているにすぎないという認識なのでしょうが、「人間が、生命体として、また集団的存在として助け合いながら生きるための日常生活世界」と「個人の私的欲望を解放し、欲望を競う市民社会」は根本的に異なり、決して同一の俎上におけるものではありません。人々が生きるためにたがいに助け合い、協働する集団的枠組みとしての日常生活世界（集団生活の基体）は、市民社会とは次元の異なる人間が生きるための基盤です。

つまり、市民社会がなくても日常生活世界の存続によって人々は生きていけますが、市民社会が成立しているからといっても、日常生活世界がなければ人々は生きていけません。市民社会を代替する社会はいくらでもあるものの、日常生活世界を代替する集団世界は存在しえないのです、代替できると考えることに根本的な誤解があるのです。

市民社会という発想は、個人と個人の契約に基づく自治的社会をつくることであり、契約事項は個々人の自由、平等、財産の保障を基本とするものでありました。個人を独立自存の権利主体とする契約社会が市民社会だったわけですから、この個人（市民）にその権利と義務を自覚させること、すなわち契約内容を理解させる必要があったわけで、その任にあたったのが公教育でした。それも、国王・貴族・僧侶といった近世における支配勢力と対抗できるだけの知力を備えた市民を、育てる必要があったのです。

ここではっきりするのは、公教育とは、子どもたちに個人としての自律的な人格を身につけさせ、さらに市民（一人前の市民）としての自覚を促すことであった、それも「知育」をとおしてやろう、ということです。構想としては整然としておりますが、そこには大きな問題がいくつかありました。たとえば、生まれたばかりの赤ん坊を個人だとして、即座に、公教育（知育）の場に引き出し、知識を詰め込むことができると考える人は現実にいないわけですが、それでは赤ん坊をどのようにして人間へと育て、自分らしさを身につけさせるのか、また自分一人だけでは生きていけないことをどのようにして学ばすのか、そしてなぜ公教育は「知育」でなければならないのか、といったことが不問に付されたままです。

大脳における前頭葉の発達よりも前に、視床下部などが機能することで生命体としての生きる活動がはじまるわけで、この逆ではありません。生命体として誕生したばかりの赤ん坊を、最初から知的な自律的存在たる個人だと措定することは、根本的に不可能でしょう。そこで赤ん坊をどのようにして、公教育を受けるにふさわしい人間へと育てるのかという視点が、必要になってくるわけです。この時、先に述べましたように、まず赤ん坊を人間として教育するのが先か、個人として教育するのが先かという問題が生じますが、順序としては、あたり前のことですが、人間育成、個人育成となるでしょう。論理的には、これらの教育を受けた後に、市民教育（学校教育）が行われるべきだったといえます。

先に公教育（学校教育）と市民教育は歴史的に不可分だと述べましたが、それでは、人間育成と公教育には連関があるといえるのでしょうか。一般的には、保育所や幼稚園といったところでは、それが公的な施設であっても、公教育が行われているとはいいません。そこでは、市民的自覚を育てるというよりは、生命体としてたくましく、集団生活者として他者と仲良く遊べ、助け合える子どもを育てようとしています（法制度的には幼稚園の立場は微妙ですが）、つまり、人間らしく生きる力を身につけさせようというわけです。また当然に家庭において、親たちは、公教育という意識をもって子育てをしてはいないはずで、ただ自分たちと同じような一人前の人間に育てようとしているだけです。このように赤ん坊を一人前の人間に育てることは、日常生活世界においてはあたり前に行われてきたことであったゆえに、公教育がはじまった当初の思惑（教育内容）には人間育成などはなかったために、これまで誰も公教育が担うべきこととは考えなかったといえます[2]。

人間を育てようという教育の主旨は、市民の育成（公教育）のそれよりも守備範囲が広く普遍的ですから、現状の知育中心の公教育では、人間を育成することは不可能であるにもかかわらず、今日の学校ではそれが求められております。もっとも社会システム論的視点に立てば、人間の育成が公教育（学校教育）ではやれないのであってみれば、別次元の教育プログラムのもとに、公的機関が人間育成の場を別途設置すべきだということになるのでしょうが。それはともかく、公教育が「知育」であるかぎり、多様な存在たる人間の育成はできないのです。よって、制度が変更されないかぎり、人間教育をするのだとして、公教育という名の教養主義（知育至上主義）の学校に、子ども時代のすべてを閉じ込められ、抑圧されつづける子どもは（ことに知育になじめない子どもは）、「生きること」に窒息するのが当然でありました。

学校での人間教育がいらないというのではなく、学校は知力でもって子どもたちを、一律に規格化してはならないということを明確にすればよいのです。すなわち、人間として生きることが第一であり、市民（個人）として生きることは第二だ、ということを子どもたちに教え、安心させてやればよいのです。人間は市民（個人）になるために生まれるのではなく、また市民（個人）として生きるだけの選択肢しかない存在ではありません、それ以前に生命体として、集団的存在として生きる日常生活者（人間）であるわけで、「市民」という衣服を着るのも着ないのも、その次の選択でしかないのです（人間性の育成が家庭や地域で不可能になったゆえに、学校教育がそれらに代わって、それを担うべきだとしても、そこに知育を介在させてはならなかったのです）。

日常生活者（人間）でありながら文盲だ、無知だと他者からばかにされ、個人としても、市民としても一人前にあつかわれなかったために、一念発起して「読み・書き・計算」を学び、さらに豊かな教養を身につけたいと望んだ人にとって、無償の公教育（知育）は十分な意義をもっていると、誰もが認めるでしょう。しかしすぐれた知識・教養をもっていても、他者を慈しむ心をもてず、他者と協働できない利己主義者を公教育がめざすべき理想的人間像だと誰も思わないでしょう。公教育をすべての人に開放する意義は、誰もが当然のこととして承認するでしょうが、公教育を受ける前に、子どもたちはたがいを慈しみ・助け合う温かい心（人間性）をもっているべきなのです。

市民生活をするうえで必要とされる平均的な知識・教養の修得を公教育が担うとしても、自然を慈しみ、他者を慈しむ心（情）は公教育の埒外だといえました。実際にこれまで子どもたちは、学齢に達するまでにそれぞれの家庭や地域での日常のさまざまな生活場面において、そうした温かい心（情）を培っていましたから、学校教育の場にわざわざ「情」を育む指導をもち込むことなど顧慮されませんでした。またそうした心さえ育っていれば、学校教育（市民教育、知育偏重の教養主義）など必ずしも必要ではないとするのが、日常生活世界の常識であったといってよいでしょう。(3)

市民を育てるため、また有用な産業労働者育成のため、さらには忠誠心に溢れる国民育成のために提唱されてきた公教育（学校教育）にあっては、日常生活者を育てることなどまったく考えおよぶことではありませんでした。それは庶民において、庶民の常識としてやられることであり、公的機関が資金負担をしてやることではなかったし、また日常生活世界は、特権層においては自分たちが安穏に暮らすために利用するだけの領域でしたから、そこが有用な労働力を供給し、安定した商品購買力さえもっていればそれでよいわけであり、わざわざ継承すべき文化（自然を慈しみ、仲間を慈しむ心を育てる文化）として保護しようなどとはしなかったのです。

さらに極論すれば、資産家あるいは資産家になりたいと欲する者を保護する資本主義社会（国家）にあっては、その制度に従順な労働者（分断された労働者＝個人）さえいればよいわけで、「情」によって人と人が連帯する日常生活世界（労働者が自分たちの生活を守るべく労働組合をつくろうとする発想の原点）は邪魔だといえました。また国家主義・軍国主義のもと、忠良かつ従順な国民・兵士を育てるために公教育が利用された歴史はあっても、「情」や日常生活者意識を育てるために公教育が活用された歴史はありません。(4)

実際のところ、支配層の意図はともかく、分業化社会の進展とともに、日常の生活において人々が分断され、倒錯化した個人主義のもと、日常生活世界が枯渇しはじめた今日、幼い子どもたちに温かい心（情）をもたせようとする風土はその力を失いつつあるといえます。この流れを正当とするか、不当とするかは、その立場によって評価は異なるでしょうが、確実なのは、温かく優しい心（情）を失った個人のみが集う社会が出現した時、個人と個人の私的利益をめぐる対立によって集団社会は瓦解するだろう（ホッブス的意味ではなく）、ということです。

個人と個人が契約によって集団生活のルールにしたがうという社会契約論（ルソーの一般意志）の考え方は合理的であり、有用な思想でありますが、人と人が契約でつながろうと意志するのは、日常生活世界において培われた「情」が起動するからで、ホッブスのいうように「各人が各人の敵である戦争の時代」(5)だからではありません、まさに「情」において他者とかかわりたいと欲する人と人が存在するからです。人と人が「情」でつながってこそ集団生活が機能し、その集団の交通整理という意味で契約論という考え方が有効なのです。つまり、「情」でつながっている人と人の錯綜する欲望を整理するという意味で、合理主義思想（知育）は意味をもちますが、理性的存在として個々人が人格的に自律していれば、混乱のもとである「情」は不用だという発想は本末転倒です、不用なのは際限のない私的欲望です。

人間を集団的存在だと措定するかぎりは、「情」的連帯は不可欠であり、日常生活世界も不可欠です、そうであるにもかかわらず、市民教育あるいは公教育において「情」の教育は軽視されてきました。それは、これらの教育が個人（市民）という切花の育成に熱心であっても、その根や茎にあたる日常生活者（人間）の育成への顧慮に欠けていたからだともいえます。そこでもし（家庭や地域の日常生活者を育てる教育力の衰退を補うべく）、公教育においてたがいを慈しむ温かい心を育てようとするのなら、公教育は市民（個人）教育という限定された枠を越え、そしてまた「知育」へのこだわりをすてなければなりません。そしてまた、公教育は国家の手から離れ、地域住民（庶民＝日常生活者）の手にその運営を任されるべきです、それも早い時期の子育てから、運営にあたるべきでしょう。まさにここに、公教育が自らを変革する契機があります。

これまで公教育は、そのたて前において子どもたちを市民（自律的な個人）へと育てるのが目的であったのにもかかわらず、それ以上の仕事として子どもたちを人間へと、個性ある人格へと教育しようと演じて（演じさせられて）きました。しかしもはや明らかなように、それは親をはじめとした教育に携わる者たちに幻想を与えるだけです、現実には資本主義社会にあって子どもたちは、有用な労働者となるべく育成され、また財あるいは知力において、互いを差別し合う市民（利己的な個人）となるべく教育されるだけなのです。

たしかに、公教育の本旨に外れながらも、子どもたちを一人前の人間にし、自律的な人格へと育てるのだという、教育にかかわる良心的な人々によるこれまでの地道な取り組みを評価し、そうした個々の教育者（教員など）の力量に期待することも、変革への選択肢の一つといえるかもしれません。しかし、そこには公教育に対する認識の甘さがあります。これまでの公教育（学校教育）の質（知育中心主義）が堅持されるかぎりは、いくら善意の人々が個々的に人間育成の取り組みをしても、社会総体の圧力によって（現実の労働現場では、能力主義や利益至上主義が支配しているため）、そうした散発的な教育的努力は無力化されてしまうからです。ここにはっきりと、近代における公教育の限界が見て取れます。

たがいを慈しみ、助け合う温かい心（情）をもった親たちが、生まれたばかりの赤ん坊を、「情」をもって育てはじめた時から、人間の教育（子育て）がはじまったといえます、ここには公教育は介在しません。豊かな自然環境、穏やかな人的環境のもとでのびのびと「情」を育んだ子どもたちに、日常生活上の「知恵」を芽ばえさせてやれば、その「知恵」は、「情」をとおして自然や人間とつながっているゆえに、冷たい「知」の体系へと単純に取り込まれることもなく、その固有なる人格を育みつつ、しっかりと人間とは何かを自覚します、ここからはじめて公教育（知育）が有効に機能できるのでした。

人間として生きることを「情」をとおして感じ、個人として生きる責任と自覚を「知」をとおして認識する、ここに家庭教育、地域教育、そして公教育の連係があります。この温かい「情」と優しい「知」のバランスをもった子どもたちが大人（一人前の人間、個人）となった時、市民社会を必要とするのか、必要としないのかを決めるでしょう。そして、もし彼らが市民社会を必要とする時、彼らが公教育でやるべき学習内容をきちんと吟味して決めることでしょう。

本来、公教育はそうした手続きで、その教育内容を決めていくべきだったのです、しかし現実の教育の歴史はそうした手続きを許さなかった。それは、教育がそれぞれの時代における特権層たちの自己保全の手段に使われてきたためです。このような悪しき連鎖を断ち切るには、特権層（資産家、資産家に奉仕する行政を含めたテクノクラート）からの教育改革ではなく、非特権層（日常生活者）による教育改革、つまり「情育」を基盤とする教育への転換（教育革命）が必要なのだ、といえましょう(6)。

第二部　理論編

第三章　教育革命論への序論

第一節　日常生活世界と日常生活者

教育は、人間が生命体的存在でありつつも、集団的存在になるための不可欠かつ最重要な文化だといえます。また、動物の本能による子育てとは異なり、それは、人類に固有な文明・文化を継承させ、創造させるという使命を担うものでもあります。ですから、自然環境の違いに応じて、人類の生み出す文化の内容は多様に異なっていても、人類文化には根本的に共通する普遍的な核があります。核とは、赤ん坊（生命体的存在＝人間）が一人前の大人（集団的存在＝人間）となるうえで、必ず身につけねばならない人類に共通な基準のことだといえます。おそらくそれを大切に遵守し、継承してきたから、四百万年前のアウストラロピテクスを人類の始源とするなら、それ以来今日なお、世界中で約六十五億の人々が生存できているといってよいでしょう。

その核（共通な基準）とは、それぞれの自然環境下で、「生命体的存在としての赤ん坊を産み育てる」ことであり、さらに「集団的存在たる子どもを、家族や集団の後継者たる仲間として育成する」ことです。我々は、これらあたり前の子育てを幾世代にもわたって受け継ぎ、平凡に遵守しながら生活してきた人々（ことにそれを、人間としての使命だと自覚してきた人々）を、「日常生活者」と、定義したく思います。この日常生活者というコトバは、庶民（被支配層）と貴族（支配層）という集団における階層分化以前からの、人類に共通する人間の生き方の普遍的な原点をあらわす概念として、本論では使われます。

日常生活者とは、自分たちが生きるのに必要な、そしてまた子孫を残すべく育てるのに必要な最低限度の衣・食・住の条件さえ満たされれば、「人生におけるモノの所有は、それで十分だとする人々」であり、また最低限の衣・食・住を保障する自然環境や集団環境を、人間存在にとって必要にして十分な生活基盤だと了承する人々のことでもあります。そのためこれらの人々は、かぎりない私的欲望のために仲間たちの生きる場である自然環境を破壊するようなことはしませんでしたし、自己の利益のために仲間を利用（搾取）するようなことはしないで生きてきました。

具体的には、自然と共生して生きることを大切にし、仲間の困惑を顧みないで自分の利益だけを求めるようなことは決してせず、ただ仲間同士が助け合い、協力し合って生活することを重視する人々です。まして、支配欲や物欲のために他者を殺傷するなどは論外です。権力者たちからすれば従順な人民、飽くなき富を求める者たちからすれば無欲で、無気力な人々だと映るかもしれません。しかし、こういう日常生活者の「優しさ」（善良さ）を踏み台にして、傲慢な権力層は華美な生活を手に入れ、富裕層は蓄財に狂奔してきたのです。すべての人々が権力者や富者になろうとしたなら、殺戮と抗争の内に人類はすでに滅亡していたといってよいでしょう。

おそらく人類の歴史的端緒において、人々の生活の場であった集団には、今日的意味での「特権層と非特権層」や「富裕層と貧困層」といった階層分化はなかったといってよいでしょう。そのような区別そのものが生まれることも、意味をもつこともない生活でした。現代でも、酷暑の地、酷寒の地、また不毛の地に狩猟・採集、遊牧、農耕などで暮らす人々の間には、階層的関係性は成立せず、相互に助け合いながら生き抜くことを、最重要価値だとする日常生活者意識が、脈々と生きています。仲間（他者）を奴隷のごとく支配（搾取）することを正当化する文化などは論外であり、まして、そうした文化を正当だと教育することなど考えられません。

アフリカの地で暮らすブッシュマンやピグミー族などの狩猟・採集民や、太平洋上の島々で暮らす海洋民などにおいては、所与の自然環境のもと、仲間と助け合いながら楽しく暮らす日常生活者の文化が、長きにわたって解体されることなく継承されてきました[1]。この文化は、両親・祖父母・兄弟姉妹などの親族や、地縁集団の仲間によって、子どもたちにさまざまな機会（遊びや昔話、生活実践など）にあって教えられ、伝えられてきたといえます。すなわち、子どもたちは一つひとつの文化を日々の成長の過程でまねながら、身につけてきましたから、そこでは、この文化をことさらに教える学校などといった施設や機関は無用でした。また、小規模の生活集団で自給自足が可能であったので（協業ですすべてが賄われた）、彼（彼女）らにおいては、仲間を歯車（道具）化するような分業化社会（富の巨大増殖体系）を生み出すことはありませんでした。

歴史的に見て何が、長閑に暮らしていた人々の日常生活世界を解体させたのでしょうか。いろいろな背景があるとしても、一般論としては、集団内での食糧の余剰生産（増産）が、特権層を出現させたと考えることができます。つまり、食糧の余剰を契機として、人々にあった食糧の「公平な分配」の原則が、余剰物の「特定の者への集中化」を許容することへと変質し、それが慣習化されることになったということです。これが、集団内での支配（貴族）と被支配（庶民）の関係、また富者と貧者の差別的関係を制度化する根本要因であった、といえます(2)。

我々が日常生活者に注目するのは、差別的関係や支配的関係が成立していなかった原初の生活形態を復権させることによって、高度に分業化された資本主義体制が止揚されるなどと考えるからではありません。そうではなく、すべては進化発展するのだから文化や教育も進化するのは当然だとして、個々の生命体的生を蔑ろにし、共存する仲間の差別化を正当視するような浅薄な進化思想（社会のニーズに応える能力のない者は淘汰されても仕方がないとする考え方）に対して、人類の文化や教育には決して変えてはならない核（本質）がある、と主張したいからです。

その変えてはならない人間存在の本質こそが、「生命体として自然と共生する心」であり、「集団的存在として仲間と共生する心」です。そして、それらを最重要価値とするのが日常生活世界であり、その継承を担うのが日常生活者（情的連帯の心を重んじる存在）です。自然環境保全だ、社会保障だなどと理屈をいわなくても、そうしたことは日常生活世界では常識でした。

これまでの歴史的な変遷の中で、特権層の人々は、自分たちの母体であった日常生活世界を、うまく自分たちの支配体系に組み込みながら、日常生活世界を継承する人々を平民（庶民）として下位に位置づけ、当該社会の文化的イニシアティブを独占し、自分たちの政治的・経済的支配を正当化してきました。しかし当初そこには、それなりのバランスが保たれておりました、支配（貴族）層はその固有の文化（教育）の開発を行い、被支配（庶民）層は日常生活世界の文化（教育）の継承を行うといったようにです。

もちろん庶民層が貴族層の文化を承認してきたとはいえませんが、それはともかく、近代以後にあっても人々は気づかないうちに、この二つの潮流（日常生活世界と特権層の世界）は共存可能だと思っていたのでしょう。ところが、現実には両者は共存するどころか、特権層の文化を継承する資本主義体制（利己的欲望の文化）による日常生活世界（共生の文化）の吸収・解体（富を生み出す源泉へと再構築する）という路線が、本格化することになってしまったのです。

利害だけで人と人が結びつく資本主義的分業化社会に心痛める良心的な人々は、二つの潮流を統合（止揚）しよう、あるいは巨大分業化体制の中に日常生活世界を矮小化させて、調和させようとさえしてきました。「欲望の文化」推進派と「共生の文化」尊重派の綱引きこそは、近代から現代までの歴史過程そのものだといえましょう（資本主義の推進・拡大派と、社会主義や社会民主主義への転換派という対置として[3]）。

当然、分業化推進派（資本主義推進派）は長い支配経験から、自分たちの立場を正当化する価値観をつくり、その普及に教育という手段を使いました。その結果、近代教育は、理屈のうえでは市民教育として、近世まで並行していた「特権層の教育文化」と「非特権層の教育文化」を止揚するはずだったものの、現実は、日常生活世界の教育文化を衰退させながら、飽くなき富の増殖や分業といった文化（支配と被支配の関係、富者と貧者の関係の存続）を正当視する特権層の教育文化へと変質（一元化）してしまったのです。[4]

第二節　日常生活世界と教育

近代の公教育における矛盾、または問題性というのは、日常生活世界を基盤としてこそ成り立つ人類文化を軽視して、支配層が生み出した文字文化という切花的文化のみを、教育の内容として、学校教育の場にもち込んだことにはじまります。歴史的には、衣・食・住を賄う大人たちの日常生活上の文化が、生活実践や物語（口承）、そして遊びをとおして青少年や乳幼児へ伝えられることによって、日常生活世界（人類文化の核）が伝承されてきたのですが、そこへ支配層が、支配の徴標としての文字文化を、自分たちの子弟に継承させるべく別途、教育機関（学校）を設置したことが、教育観（子育て観）を混乱させたといえます。支配層が、学校での教育とは、文字文化の継承であり、「知育」のことだとしたために、生活実践や口承、そして遊びは、学校教育とは無縁だとされてきたのでした。

もちろん、日常生活世界があってこそ、支配層の文化が維持できるという基本構造のもとに、現実の歴史においては、相互に影響を及ぼしながらも、支配層と被支配層の文化（教育）は、截然と棲み分けがなされてきたといってよいでしょう（支配層の優越意識と被支配層の劣等意識を、それぞれの子どもたちに植えつけながら）。この差別的な関係にあった二つの文化を、理念として止揚しようとしたのが、ヨーロッパにおける近代市民社会です。それは、すべての個人は生まれながらに自由・平等で、さらに自分たちの住む拠点（都市）への自治権をもつという思想に裏打ちされていましたから、理屈（理念）としては、誰もがその出自にかかわらず、自由・平等であるゆえに、支配層や被支配層といった差別的関係は、社会的には存在しないというものでした。

さらに、そうした理念に基づく文化をつくるべく、それにふさわしい教育を普及するために近代教育の理念が、さまざまな人々の「知恵」と知力を結集して、ヨーロッパで誕生したのです。まさに新しい価値観に基づく新しい社会、新しい文化、新しい教育を人々は夢みたのですが、突然に、「文化よ、花咲け」といって新しい文化の花が咲くものではなく、どこかにその花を咲かせるための幹を求めねばならなかった、そこで人々が求めた幹（根）が、旧の支配層の文化であり、旧の支配層がつくった教育体系（学校という枠組み）でした。

当初、理想をもって市民革命に参画した人々の多くが、貴族階級の出身というよりは新興の市民階級（旧の教育を受けた富裕層）や知識階級でしたから、旧の支配層の文化（幹）に自分たちの理想を接木すれば、新しい文化や新しい教育が育つだろうと夢想したのでした（どこまで意図的であったかは、わかりませんが）。ただ彼らのプランには、重大な欠陥がありました。それは、日常生活者の心はどのように育つのか、そのことに思いいたらなかったことです[5]。

幹（根）があっても、そこに養分を与える大地がなければ何も育たないのです、まさに新しい文化や教育の花を咲かせるための大地こそ、日常生活世界だったのです。しかし、おそらく人々は日常生活者を意図的に育てようとしなくても、自然に育ち、日常生活世界は継承されるのだ、と思っていたのでしょう。それは、決定的な誤算でした。なによりもまず、日常生活者を育てなければ日常生活世界（大地）が枯渇することに気づかなかった、という誤算です。

そうした誤算のゆえに、今日のいろいろな教育場面において、学力を重視する発言は多くあっても、日常生活者を育てよう、日常生活世界の文化を継承しようという積極的な姿勢が、見られないのだといえます。まさに、日常生活世界は顧みられることなく、淘汰されるべきものとして軽視されてきたのです。当然に日常生活世界という養分の供給を細らせた近代市民社会の理想（文化）は、大地に根をもたない切花のごとく、浮薄なままに干乾びはじめることになったのです。

このような状況を体験しはじめた十九世紀後半のヨーロッパにおいて、人々の心の中に軋みがあらわれ出しました、表出した心的な軋みを捉えようとしたフロイトを嚆矢とする精神分析学の流行は、その証左だといってよいでしょう。[6]つまり時代は、揺るぎない心の安住の地（日常生活世界）を衰退させ、その逆に人々を個的に分断（切花化）し、利害関係で（交換価値の所有者たる切花同士として）のみかかわり合わせる社会（まさに市民社会）を隆盛させ、人々の心に空洞（地に足の着かない不安）を生み出させはじめたのです。

フロイトを継承したユング[7]やアドラー[8]の心理学が、その理論上の基軸として、「集団的無意識」や「共同体感覚」などといった概念をつくりあげ、人々の心の不安や葛藤のよってきたる淵源を共同性（日常生活世界）の喪失にあるとしたのは、ゆえなきことではなかったのでした。存在の安住地を顧みることのない利害関係のみの現実世界は、人々に心の病（存在の核の喪失）を発症させるのです。それゆえに彼らの心的治療の試みは、安住の地を擬似的に患者に思い描かせることであったといえます。しかし、現実世界を変えることがなければ、何の根本的解決もなく、同じ事態がくり返されるだけなのです。

また、ドイツの社会学者テンニエスが、『ゲマインシャフトとゲゼルシャフト』という著書を執筆するにいたったのも、その当時から両者（親和的共同体＝日常生活世界と、個的な利害関係だけの社会）の乖離が目に見えて大きくなったからだといえます。それほどまでに個人と個人が利害関係で対峙する世界の出現は、速度を増して人々の心から日常生活世界を排除し、削ぎ落とさせてきたのでした。もちろん今日は、さらに路線の純化がさまざまに企てられ、進んでいますから、より深刻で、危機的だといえましょう。

ヨーロッパの近代思想にあっては、原則的に社会は、それぞれに自律的で独立した人格をもつ個人によって構成されると考えられました。それゆえ、近代以後の文化は、そうした個人の自由・平等を重視することで、独自に育つとされたため、当然に教育は、そうした個人を育てることを基本的使命として構想されたといえます。しかし、その個人とは何であったのでしょうか。個人などという意識は赤ん坊として生まれたその時から存在するものではありません、もちろん個人は生物学的な個体とは異なります。日常生活者として一人前となってこそ、個人という存在性を形成する要件が整うのです、この順序がもっとも大切であったのです。

当初、思想家たちが想定した個人は、自律的・自覚的な存在としての成人（大人）でした。つまり、デカルトが到達した「私は思う」の「私」は、零歳の赤ん坊ではなく、思索をめぐらした大人のデカルトです。しかし、その後の人々は、零歳の赤ん坊にも個人としての人格や人権があるとしました。社会は一人前の個人によってこそ形成されるのであって、零歳の赤ん坊たちが集まって突然に社会が誕生することはありえません。それは誰もが納得できる当然のことです、つまり赤ん坊は、未来に向かって生きようとする人間であっても、まだ自律的・自覚的存在としての個人ではないのです。

自律的・自覚的な個人を育むプロセスを消去して、突然に観念において個人が生まれ、それらの個人の契約によって社会が形成されるとした近代市民社会論は理屈であって、現実ではなかったのです。また当然ながら、乳幼児を一人前だとして、「知育」をほどこせば立派な人格としての個人に育てられるのだとした教育論も、根本的な欠陥をもっておりました。今こそ、それらの欠陥を改めるべく、新たな教育論が構想されなければならないのです、つまり教育の根本的変革が図られなければならないといえましょう。もちろんそれは、日常生活世界において一人前の日常生活者へと育てられてこそ、個人という存在性を形成する教育が有意味となるのだという認識のもとでの変革です。

特権層を構成する人々は、非特権層（庶民層）の日常生活世界とは別に、特権層のみの生活世界が存立可能であるかのように思っていたのでしょうが、特権層だけの生活世界などは存在しえません。なぜなら、彼らは衣・食・住の生産活動（分配活動）に直接携わっていないのですから、彼らだけの生活世界（食糧がなく、衣料がなく、住居のない生活）などは、当然のことながら成立しないのです。彼らは非特権層の生産活動に依存して、自分たちの生活を成り立たせているのですから、彼らの思惑としての優雅な生活像は、非特権層の日常生活世界に寄生した虚像、つまり独善的な観念でしかないといえます。

非特権層（庶民）の日常生活世界は、特権層などという階層が出現する以前の人類誕生以来つづいており、その本質は世界中どこでも、いつでも同じです。その本質的原点は、所与の自然環境のもとで、衣・食・住の生産活動を仲間同士たがいに助け合いつつ担い、消費活動にあってもそれぞれにその恩恵をたがいに分け合う、そういう人々の生きる場だということにあります。この場から日常生活者が育つのであって、決して隔離された温室の中で勝手に育つのではありません。当然、個人へと成長する芽も、そうした集団の中にあってこそ生まれ、育つといえます。

ヨーロッパの近代思想がめざした自律した人格（個人）という像は、切花のごとき観念であり、決して自然に自生するものではなかった、まして想念したからつくれるものでも、純粋培養できるものでもなかったのです。それはまさに、日常生活世界を土壌として育まれえるのであり、日常生活者として生きる人々（ことに次世代を担う子どもたち）を措定してのみ、現実化されえる理想なのでした。

日常生活世界を養分として個人は生まれえても、養分のないところから個人は生まれないのです。よく経済学で自給自足の例として、ロビンソン・クルーソーの生活が援用されますので、ここでその話を利用すれば、ロビンソンは自分の子を一人で生み（クローン技術を使ったとして）、生まれた赤ん坊はすぐに自律的かつ自覚的な個人として一人で衣・食・住を賄い、ロビンソンが語りかけなくても赤ん坊はコトバを先天的に話し、彼に対して島の半分の所有権を主張するだろうと観念できても、それを現実的だと主張する人々はいないのと同じです。

もはや明らかなように、所与の自然環境や集団環境のもとで人々に温かく育てられ、生命体として自然の中で生きる悦びや、集団生活者としてたがいに助け合いながら生きる歓びをしっかり身につけ、そして衣・食・住を自分の力で賄い、あるいは相互に協力し合って充足させられるような日常生活者となってこそ、個人という観念は現実化するのです。これはあたり前のことであるゆえに、誰もが当然だとして顧慮しないできました。しかし、このあたり前のプロセスをきちんと継承しないでは、すべての集団生活は成立しないのです。誰かがやってくれる、いままでうまくやってきたのだから、自然（本能的）に日常生活世界は機能するのだからと、人々が安直に考えてきたことが大きな誤りの源でした。

このあたり前のことに気づかないできた親の一部は、幼稚園から、いや零歳児から社会（経済市場）が求める個性ある人間（高収入を稼ぐ歯車）になれと早期の英才教育を施し、人間存在にとって本質的な教育たる日常生活者の育成を蔑ろにしてきたといえます。もちろんそのように親たちを導いた責任は社会、ことに特権層にあることは述べるまでもないでしょう。また親は個人として自由であるから、子どもも自由にしてよい、といった発想まで生み、子どもは孤立した親の生活スタイルの中で、孤立した生き方をまねて、物理的・身体的には大人になります。いつの間にか、この純粋培養が人々の間で進み、近代ヨーロッパが理想とした個性にあふれた個人が誕生しているかのような倒錯現象が、今日見られるというわけです。(9)

しかしこの倒錯現象は、日常生活世界を支える善意の人々に依拠してのみ成り立つ砂上の楼閣にすぎません。ここにあらわれる虚像の個人は傲慢です、善意の日常生活者たちに支えられてのみ存在する自分を顧みることなく、日常生活者を没個性的であると蔑視することしか学ばないのですから。彼らの意識は、市場が有用とする個性ある労働力（能力）は価値があり、市場が有用としない没個性的な労働力（能力）は価値がない、前者が高賃金を保障され、後者が低賃金であるのは当然だ、前者が社会を主導し、後者が従属するのは当然だ、とする思いあがりへと昇華してきました。この数千年の人類の歴史は、そうした倒錯の極限的可能性を追求する過程であったといってよいでしょう。倒錯がいつまでもつづくはずはなく、それも日常生活世界があってこそですから、枯渇する前に日常生活世界の復権を図るべきでしょう。

第三節　日常生活者育成の目的

我々は乳幼児期以来、個的に分断されて、日常生活世界の文化を身につける機会を失った子どもたちに、日常生活世界の復権をはたすべく、日常生活者になるトレーニングを、どのようにしたらできるのかを、考えなければなりません。子どもたちが日常生活者とならないのは、さまざまに隔離された環境で育つことによって、日常生活者となる機能が眠ったままの状態で、捨ておかれているからです。ですから、日常生活世界（大地）に根を張って生きるチャンスを、子どもたちに与える必要があります。我々には子どもたちを、社会の歯車（一部の大人たちの欲望実現への道具）としてしか生きられない宿命から、解放してやる義務がある、といってよいでしょう。

現代世界は、以前のように多様なベクトルを許容して進むのではなく、一つのベクトルへと収斂すべく、進んでいるといえます。それも世界各地でさまざまに展開されていた日常生活世界を解体させながら、一元化へと世界中を巻き込んで、進んでいるのです。そのベクトルを世界資本主義、あるいは市場至上主義、巨大分業化社会、能力主義などと表現することはできますが、要は、世界中の日常生活世界を解体させつつ、富の増殖に有用な社会システムをもってその代替とし、そうした代替作業へとすべての人々を従事させようというわけです。日常生活者はいらない、有用な目的行動さえできれば、ロボットのような個でもよいというわけです、すなわち、人間が生きるために社会があるのではなく、富の増殖のために社会があるという倒錯の正当化が、今日の時代状況であり、教育状況だということです。

このような倒錯的な時代をつくろうとする潮流を、またそのような浮薄な文化を継承させようと企てる教育を、我々は変えなければならないといえましょう。それも、子どもたちを日常生活者として生きられるように育て、日常生活世界という土壌に、しっかりと根を張って生きる自律的人格の育成をめざす教育文化の創造へと、今の潮流を変えなければなりません。これが、教育革命を主張する骨子です。

ヨーロッパの近代思想や近代教育がめざした理想を、単純に否定すべきだというのではありません。すでに見たように、そこには大切な視座が欠落していたのですから、もう一度集団社会の本質的なありようを見直し、そこからヨーロッパ近代の理想を再検討すべく、現況を変革しようというのが、教育革命の本旨です。それも日常生活者の育成をとおして、次世代以後の子どもたちにその変革の質を託そうというのです。

といっても既述のように、実は新しいことは何もありません。子どもたち一人ひとりに日常生活者としての生き方を身につけてもらう、つまり自然と共生し（自然を支配の対象としてではなく）、集団の仲間と共生する歓びを体験しつつ、それぞれの個性をたがいに尊重しながら（支配・被支配の関係、優位・劣位の関係ではなく）、希望をもって生きてもらおうというだけのことです。それが、人類の滅亡するその時まで、幾世代にもわたって、我々人類が大切に遵守すべき大原則だからであります。

生命は自然が生み出すものですから、人類もその必然の中にあります。自然が、人類の生きる場を、巨大な分業化世界へと改変させるのか、日常生活者の世界として継承させていくのかは、今の我々の判断能力を超えています。[10] しかし、生まれてくる一人ひとりの命を大切に育て、その一生を幸福と感じられるものにするのが人類の「知恵」だとするなら、選択すべき方向はおのずと見えてきます。つまり、その「知恵」を大切に磨き、育てることが我々の課題だということです。

いずれにしても、人間の根本的かつ普遍的な生きる目的とは、「日常生活者として生きる」ことだといってよいでしょう。それゆえ、教育革命の第一の目的は、家族、親族、地域住民、および学校現場などで教育にかかわる人々が相互に協力しながら、子どもたちを日常生活者（生命体的存在、集団的存在）へと育てあげることだといえます。また、そうした存在性が築かれたうえで、「個性ある人格の形成」という近代教育の理想が、引き継がれることになります。すなわち、しっかりとした存在基盤（日常生活世界）のうえに立って、子どもたちは、多様な教育内容を、さまざまな機会をとおして、それぞれの意思を尊重されつつ学ぶことで、その固有の能力を伸ばすことができます。こうした個性をもって、子どもたちが、それぞれの希望に向かって生きられるようにすることが、教育革命の第二の目的となります。

アメリカ型資本主義の世界化を前にして、今を生きている人々や、これから暫らくこの時代に生きる子どもたちに対して、この時代の単純かつ性急な否定（つまり二十世紀を支配した資本主義対社会主義というような対立図式での否定）をすべきではありません。そして、未来世界を構想するにあたって、その経済システムや政治システム、そして社会システムについて、そのさまざまな可能性を提案はしても、かくあるべきだといった断定をすべきではないでしょう。それは、これらの教育を体験した子どもたちが成人し、子どもの親となり、またその子どもが親となるころ、すなわち三世代後あたりで、決めることです。そのこと（教育）に期待する以外、我々は何も決めてはならないのです、新しい世代の新しい環境での創造力を生かすためにはそうした姿勢が必要なのです。

教育の第一目的は、日常生活者の育成です。当然すぎるゆえに、これまで、教育としては明記されることがなかったのですが、人類がその命を受け継いでいくうえで一番重要なことです。これまでの歴史において、衣・食・住の生産に直接携わる人々が、相互に協力し合いながら、その余剰を分配し、たがいの命を大切にしつつ生きる現場がありました、それが日常生活世界です。具体的な日常生活者像をつかむには、理屈のうえでは世界中の、そして歴史的な、日常生活世界の諸相をピックアップして、そこで生まれ、そこで育てられた子どもたちが自然に身につけてきたことを、一つひとつ収集して、教育一覧表を作成することで可能となるでしょう。しかし、その一つひとつを養育者たちがなぞるように実践していけば、再び日常生活者が育つのだとはいえません、ことはそう簡単ではありません。

さまざまな自然環境のもとで、さまざまな人と人のかかわりの場にあって、「生産と分配と消費」が行われ、その複雑な諸過程の中で体験されていくいろいろな「コト」を、まさにその全身で感じ取った内容を、すなわち「見る、聞く、嗅ぐ、ふれるなど」の身体的活動をとおして獲得された個々人固有の「コト」(脳細胞に張りめぐらされた固有の回路網)を、断片化して、第三者に追体験させることなど、できるものではありません。まして、今日の都市生活においては、ただ消費するだけの場となってしまった家庭で、生産現場や分配現場を生まれて以来一度も体験することなく育つ子どもにとって、それも母親や父親がいるだけか、あるいはわずかの兄弟姉妹がいるだけの人的関係の機微を学ぶのに乏しい家庭で育つ子どもにとって、別世界の情報を擬似的に追体験してみても、何も根づきません。もはや、人と人のつながりの乏しい孤立した家屋(マンション、団地など)に住む都市的現状のままで、脳細胞に情報の断片だけをインプットしても、日常生活世界を再生させることは無理です。

資本主義体制のもとで増殖する都市的現実において、かつての日常生活世界がもっていた人と人のつながりを取り戻させるのには、乳幼児期からの教育、つまり人と人がかかわるための感度の高い心の窓口を乳幼児期から子どもたちに育んでやることが必要です。人と人がつながる窓口とは、他者の喜びや苦しみ、哀しみといった感情・情緒に共鳴し、共感できる「情」の心をさします。結論を先取りすれば、日常生活者の心の本質は「情」であるといってよいでしょう。

第四節　「情」の教育から「知」の教育へ

日常生活世界があってこそ、個人という意識的な存在性はその具体的な足場をもてるといえます。もちろん、その存在性を支えるのが日常生活者としての生き方ですが、この日常生活者同士の連帯意識を紡ぎ出すのが、人と人の心の共鳴板としての「情」です。人類史にあって、人々が日常生活世界で培ってきたもっとも大切なことは、自然との共生であり、仲間との共生でした。それを可能にしたのは、「情」という人間の能力だといってよいでしょう。現代社会、ことに大都市に生まれ育った子どもたちに不足するのは、心の共鳴板としての「情」を育て、それをもって心を豊かに育む機会です。

子どもたちを、機械の歯車のように取りあつかう今日的な社会状況や、教育状況を全面的に肯定するのなら、そしてそのような将来を楽観視するのなら、我々の論点は無用です。しかし、現代を人間として生まれた者のすべてが生まれたことを悦び、その人生を楽しみ、幸福だと思えるのか、と各自が自問する時、現状を全面的に肯定するのは特権層または富裕層に属する人々、またはその予備軍（いろいろな部面での競争に勝ち抜き、特権層に道具的価値を認められようとする者たち）だけでしょう。現代の学校体系が予備軍養成機関となるように構成されていますから、肯定派が安泰であるようになっております、けれどもこうした現状に対して多くの人々は、肯定派でも、否定派でもないのが実情です。

なぜそうなのかといえば、この体制に不足するものがあるからです。満たされない理由とは、人と人がつながり、支え合うという安心と歓びが現代社会（教育）にはないことです（警察力、軍事力といった武力的抑圧機関が提供する安心ではありません）。正確に表現すれば、支える歓びと支えてもらっている安心を現代社会が失いつつあるということです。

もちろん、「おたがいに支え合う歓びと安心」は金銭で買えるとか、地位や名誉でもって代替できるとか考える人々がいますが、彼らには本質が見えないのです。ちょうど、黒人奴隷の労働によって自分の生活が支えられていることを、それも国家権力の暴力装置（警察力）によって支えられていることを当然のこととみなし、また虐げられた人々からの異議申し立てがないゆえに（苦しみや哀しみに耐えているから）成り立つ自分の生活のことなどを直視しないで、「自分は幸福である」と主張する奴隷解放以前のアメリカ南部の白人大地主たちのそれと同じです。

これら白人大地主は個人として自律しているつもりでも、現実は多くの人々（彼らが人間とみなさなかった黒人奴隷を含めて）に支えられて自律という意識が成り立つのであって、これら虐げられた人々が大地主のもとを去ってしまえば、地主自身が日常生活者の原点に戻り、自分の衣・食・住にかかわる生産を自分で行わなければならない、ということになります（これは資本主義社会での資本家と労働者の関係においても同様です）。その時、彼は他者の助力なくして自分が存在しえないことを、遅まきながら知るのです。おたがい同士支え合う基盤があってこそ（法的規制を受けるから支え合うのではありません）、個人という意識や、自律というコトバが意味をもち、人と人が生きる集団運営上の諸原則が成立しえる、これは自明であったはずです。

一　保育現場での「情育」

人間として生きる安心と歓びを生み出す「情」的連帯の意識は、子どもたちにおいて、ことに人間的諸機能を装備しはじめる乳幼児期において培っておく必要があり、そうした意識の装備は不可欠といえます。まさに、その安心と歓びの「情」を紡ぎ出す土壌こそ日常生活世界ですから、ここを排除（または軽視）して、富の増殖に役立つ個人をつくることが教育の役割だとするような教育観や社会観は、あまりにも浅薄な合理主義に由来します。それは、人類文化の意味さえ知らない、浅はかな短絡的発想から生まれたものといえましょう。生きる安心と歓びのネットワークを紡ぎ出す「情」の教育によってこそ、子どもたちは、人類の豊かな文化を継承する日常生活者へと育つのだといえます。

「情」は胎児期より紡ぎ出されますから、親、ことに母親によってまず情の教育が、はじめられるべきでしょう。母親が豊かな「情」を育める場所や機会を大切に活用し、豊かな「情」をもてば、母胎の繊細かつ多様な情的感応は胎児に伝わり、それらが「情」の回路を構築させる基幹情報として子どもにインプットされます。また当然に子どもに豊かな「情」を紡ぎ出せるようにするには、親だけではなく、その親をはじめとした親族や地域住民たちの協力も必要です。さまざまな人々の「情」を大切に育もうとする姿勢と、次世代の日常生活者を育てるのだという深い配慮なくしては、子どもたちの「情」は豊かに育ちません。

こうした親を中心とする温かな「情」に溢れた人々に育まれて、乳児期、幼児期をすごした後に、より多くの同世代の子どもたちとふれ合い、さらなる「情」（他者を思いやる心、他者の思いやりを受け入れる心）の育成を図るべく、親は子どもたちに保育現場で多くの時間を、遊びなどの交流をとおして、すごせるようにすべきです。ただもうこの時期にはすでに子どもたちは、「情」とともに「知恵」を働かせはじめておりますし、また自分の生活空間でのいろいろな事象を捉え、それらのルールなり、因果関係なりを認識する「知恵」も働かせはじめているため、「情」と「知恵」のかかわりも教えなければなりません。

すなわちこの時、人と人がともに生きるうえで一番大切なのが「情」であり、その次が「情」に根ざした「知恵」であり、そうした基盤のうえに、仲間と共生するためのルールづくりへと「知恵」を昇華させる知力（抽象的思考力）を身につけることが、大切だと学ぶべきでしょう。つまり、「知恵」と知力は異なる能力であることをしっかり教えたうえで、「知恵」の教育に取り組むべき配慮が必要です。

おそらく「情」の教育にとって、この間の教育的取り組みが最も重要かつ難しい時期だといえます。この時期の子どもたちは、「情」の回路形成のために、さまざまな情報に対して敏感であるのは当然として、「知恵」の回路網も構築しはじめるため、保育環境には細心の注意を払うべきで、保育は安易に取りあつかわれてはなりません。ですから、保育機関の運営には、親をはじめとした多くの地域住民たち（自覚的に日常生活者育成に取り組む人々）が中核となってあたるべきで、また設置者にあたる行政は運営資金の負担と、いろいろな情報の提供を除いて、現場に介入すべきではありません。

次に、誰がどのような資格で幼児教育にあたるのかという課題がきます。親や地域住民と行政が管理運営の任をはたし、それらによって適格とされた者が教育（保育）にあたります。選出基準は、幼児教育（保育）の根幹が「情」の育成であり、それも豊かな自然環境のもと、自然や仲間との共生をとおして「情」が紡ぎ出されるのだという認識を当然のこととしてもち、「仲間と協力し、助け合いながら、たがいの命を大切にすることこそが生きる意味である」という基本的な教育観（日常生活者を育てるという意思）をもって、子どもたち一人ひとりを育てられる人物であることです。

こうした保育環境で育っていく内に、子どもたちにあらわれ出るさまざまな「知恵」は、それぞれの子どもたちの一生を決めるといってよいほどに重要である（それぞれの子ども固有の価値観を形成する）ため、常に尊重され、子どもたちにおいて生かされるようにすべきでしょう。しかし、それが自然と共生し、仲間の「情」に配慮し、仲間の命を大切にできる「知恵」であるのかどうかは、常に検証されねばなりません。ここが日常生活者を育てる任にあたる者の大切な仕事であり、責任です。日常生活者となるのに必要とされる「情」をほぼ身につけ、自然と共生しつつ、他者と仲良く遊ぶための「知恵」のトレーニングをつんだ子どもたちは、次に制度的機関としての学校へと進むことになります。

二　学校での「情育」と「技育」、そして「知育」

学校では、活動範囲がさらに広くなるため、まだ幼く繊細で傷つきやすい「情」をもつ子どもには十分な配慮が必要です。またそこは、より多くの仲間との交流の機会が生まれる場でもありますから、常に「情」をとおして、同時代を生きる者同士の連帯意識の形成に配慮がなされ、誰に命じられることもなく、それぞれが自発的に助け合い、協力し合うという「情」の共鳴が尊重されねばなりません。学校はまた、助け合い、協力し合う「知恵」を生み出す場であり、さらに優しく豊かな「知」を育てる場だともいえます。

所与の環境にあって、ともに生きるための「共鳴板」としての「情」を育まれた子どもたちは、さらに衣・食・住の生産と消費（分配）のサイクルとしての日常生活の現場を実際に体験することで、生活者としての「情」や「技」や「知恵」を身につけることになります。またこの時期は同時進行として、「情」や「技」に根ざす「知恵」から、さらにその「知恵」を客観的に捉える知力の充実を図る段階でもあります。知力には、知力固有の自己目的性があるわけではありませんし、また当然のことですが、私的な権力欲や利益追求を正当化するために働かせるものでもありません。

知力は、身体的かつ精神的な自己を維持するために働かせるとともに、仲間との共生や自然との共生のために働かせる能力です。それゆえ、衣・食・住の生産と消費（分配）のサイクルにかかわる「知」の育成が重視されることになります。そういう意味でも、学校教育においてさまざまな生活現場を体験することは不可欠であり、貴重です。

現場体験から生まれる「知恵」を、「知」へと媒介をするのが「技育」です。「技育」とは、所与的自然を素材にして、これを加工することで日常生活に役立つさまざまな「技」の集積にふれ、習得することをめざす教育です、そしてそれは生命体的存在として、また集団的存在として生きる術を身につける教育だともいえます。「技」は、日常生活者たちによって生み出され、受け継がれてきた生きるための技能であり、「知恵」です。それはまた、生きるための知力を起動させるステップだといってよいでしょう。「技」は、具体的な日常生活（衣・食・住）にかかわるモノづくりの作業であり、それをとおして形成される「知恵」は、日常生活世界の「知恵」の宝庫につうじる道であり、「知」のあるべき方向を示します。

次に、「技育」と「知育」をつなげる段階となります。「知育」は、日常生活世界にあって無批判に伝承されてきた経験的「知恵」を、合理的に捉えなおす作業です。もちろん、この場合の合理性（知育）とは、一切の憶見から自由で、一切の権威にも拘束されない立場を意味します、それはある意味では、理性のフィルターをとおして、まだ思い込みと視野の狭さを同居させたままの「知恵」を、客観的かつ普遍的な法則性のもとに捉え返そうとする近代的な「知」の教育の体現でもあります。またこの作業をとおして、一人ででも世界と向かい合える独立自存の個たる存在意識が培われます。ここに自律的かつ自覚的な個人という思想的産物（虚像）が、大地に根を張った実像として形成されることになるのです。

それは、この者が、日常生活世界においてのみ存在しえる個人としての自分を自覚しているからです。まわりから「お前は個人だ」といわれ、「日常生活世界とは何か」を知らないまま、自分を個人だと思い込むのではなく（これまでの無自覚的な個人ではなく）、「日常生活世界において存在する自分」を知った（捉え返した）うえで自分を個人だと意識する点で、この者は自律的かつ自覚的な個人（日常生活者）、つまり真の「個人」になっているといってよいでしょう。

教育の第一目的は、日常生活者を育成することであり、個人（自律的かつ自覚的な人格的存在）を育成することは第二目的です。学校教育にあってもそれは同様ですから、日常生活者の自覚が芽生えてこそ次のステップ（個人の育成）へと移れるのです。自然や他者との豊かな連帯の「情」をもってこその知性であり、そうした知性のフィルターが育てられてこそ、自己と他者を「情」的に、そして客観的（理知的）に捉え返せる個性ある人格（個人という意識）がつくりあげられるのです。ですから極論としては、日常生活者の自覚さえ育てられれば、分業化社会での有用な個人を育てるための過度の「知育」（知力、あるいは論理的な理解力と知識量を高める教育）は必要ではない、ということになります。もちろんこの逆は、絶対に許されるものではありません。

基本的には、学校で学ぶ子どもは、まだ一人前の日常生活者ではありません、年齢の問題だけでなく、自分で生産と分配の現場にかかわっていないという意味でです。しかし子どもたちにあって、「知育」をとおして個人としての意識が育つかぎり、日常生活者ではないものの、彼らは意識的には個人という人格的存在になりえます（逆に以前の日本の貧しい家庭の子どもたちは、学齢にあっても学校にいけずに働き、家計を支えました。そして、労働現場で日常生活者としての知恵をそれぞれに身につけ、一人前の日常生活者となりました）。ここで十分に注意しなければならないのは、子どもたちが日常生活者ではまだない自分を未熟だと認識し、自分の「個」の意識が倒錯的であることを知的に確認することです。

現代の教育はこの倒錯を肯定し、奨励さえしてきました、それが教育にかかわる今日的な諸問題を生み出したのだということは、間違いありません（多くの無言の日常生活者に支えられて存在しえる自己を顧みることなく、自分は優遇されて当然だと思いあがるインテリ青年や高学歴の職業人たちの存在と、それをめざす予備軍をつくる学校という知の序列体系に起因する諸問題)。「知」の能力は、日常生活世界とのかかわりにあって生まれる「知恵」を基礎として育てるべきであり、またそこでのかかわりにおいて生かされなければならないということです。学校は、特権層を再生産するための温室でも、企業などが求める従順な労働者の養成所でも、また複雑に体系化された社会システムの司令要員の訓練所でもありません。

まさに学校は、子どもたちが日常生活者たる「情」を育み、その検証を自己自身に課しながら、生命体として、また集団的存在として生きるための「知恵」を磨くべく、「技」を身につけ、さらに自律的に知性の陶冶へと邁進できる能力を、身につけられるようにするところであるべきなのです。個の意識をもった知性は、つねに日常生活世界というフィルターをとおして、考え、判断し、行動すべく躾けられなければなりません、ここが教育の最も肝心な要であり、わざわざ教育革命をめざす所以でもあります。

もしここを誤れば、今日的状況に戻るでしょう。「情」の教育によって、いかに多くの人々に日常生活者たる自覚が育っていようとも、人々に反省的個の意識が育っていなければ無力なのです。それは、差別的世界の正当化(合理化)をもくろむ悪しき「知」が狡猾であるのに対して、他者への慈しみと優しさに溢れた日常生活者の「情」はその狡猾さを見抜けないし、また反発したとしてもその知力(権力装置)に圧倒されてしまうでしょう。政治的支配や経済的支配の正当化手段たる「知」の圧倒的な威力は、これまでの歴史が如実に示している事実です、それはまた現代社会にあっても同様です。

しかし教育において、「情」を骨格とした日常生活者がすぐれた「知恵」を身につけ、さらに自律的な人格たるべき知性を備えたなら、そうした狡猾さを見抜き、悪しき「知」を排除できるようになるでしょう。なぜなら、この日常生活者として生きることの正当性を身につけた知性（自然や集団と共生すべく、生命体エネルギーを燃焼させ、仲間と協力し合いながら生きるための知性）は、いかなる権力や権威をもってしても否定されえないのですから。

たとえ狡猾な「知」が、人々を殺戮する論理を正当化しようとしても、また大量の核兵器を使った戦争を肯定しようとしたとしても、日常生活者の知性はこれを阻止するでしょう。日常生活者の知性は、人類は、人類が創造したのではなく、自然の必然的運動性向が地球という場で生み出した創造物であり、人類を滅亡させる決断は自然にあり、我々人類の力能の埒内にないことを知っています。

生命体としての我々には、その生命体エネルギーを燃焼させて、ひたすら生きることがまず絶対的に肯定され、そして集団生活者として生きることが肯定され、その次に人格的個として生きることが肯定されるのであって、この順序は逆転しません。もちろん、個人の意識においてこの順序の逆転は可能であっても、現実の日常生活において逆転はありえません。「情育」をとおして日常生活世界を継承するという大原則に加えて、こうした原則を知性のフィルターをとおして理解するのも、学校教育での重要な学習内容となります。このように学校教育は、「情育」から「技育」へ、そして「技育」から「知恵」へ、さらに「知恵」から「知育」へという螺旋的な学習の輪を広げながら、たくましい日常生活者を育てつつ、個性ある人格的存在、すなわち個人を育成する場であるべきだといえましょう。

三 現実化への課題

保育現場や学校において、これまで述べてきた変革を現実化するには、教育の現場に携わる職員層の意識変革と、それら施設の維持運営方法の転換が大きな課題となります。誰がどのような資格で、保育現場や学校で教育指導するのか、どのようにして、どのような機関がそれら施設を運営するのかという課題がそれです。

教育革命の目的が、これまでの学校教育（特権層の文字文化を無批判に踏襲してきた教育）を、日常生活者（非特権層＝庶民の立場）の文化を継承する教育機関へと転換させることにある、というのはすでに明らかでしょう。民主主義的手続が定着した現在、近代以前の特権層と今日の特権層は異なるから、放置しておいても徐々に教育も社会も改善されるという人々がいかに多くいたとしても、現実は差別的であり、特権層護持のために社会システムが機能しているという実態は否定できませんし、そのことを原因としてさまざまな教育問題や社会問題が生じているという事実は否定できないでしょう。すなわち、たて前（幻想）と現実（実態）を区別し、たて前論を繰り返すのではなく、現実（実態）の変革へと向かうべきなのです。

我々は截然と幻想と実態を区別し、幻想への信仰をすて、もっとも大切な生きる場であるにもかかわらず顧慮されてこなかった日常生活世界の復権（実態の変革）をはたし、そのうえに近代ヨーロッパ社会がめざした個性ある人格的個の育成を位置づけるべきだと主張しているわけです。ですから結論から述べれば、保育現場や学校は日常生活者育成の意義を理解する親をはじめとした地域住民（庶民とか大衆といわれ、無自覚的であっても日常生活世界の意義を直観的に了解し、ひたすら継承してきた人々）によって、維持運営されることになります。またその財源は各地域の公共団体が担うべきでしょう、それは国家による干渉を少なくするうえで必要だといえます。

それゆえ当然に、それぞれの現場で子どもたちを指導する教員は、各現場を維持運営する各地域住民によって選ばれるのが理想でしょう。教員採用の基準としては、第一に衣・食・住にかかわるいろいろな現場体験をもち、「情」によって人と人が連帯する日常生活世界の意義を理解し、それを子どもたちに伝えられること、第二に近代教育がめざした個としての人格的自律の意識を身につけさせる能力をもつことなどが、最低限の条件としてあげられます、そして第三に「読み・書き・計算」を基礎とする教科教育の能力が求められます。

日常生活者を育てるのに国家権力の権威を後ろ盾にする必要はありません、ましてそうした権威を笠に着るような機関はいりません。日常生活者を育成するのだという願望をもった親たちと地域住民、そして子どもたちをそうした人格へと育てるのだという信念と技量をもった教員が協同で教育に取り組むべきなのです。時間的に、親たちの自覚が先か、教員たちの自覚が先か、また行政の自覚が先かが問題なのではなく、知育至上主義の教育を根本的に変革しなければならないと気づいた人々が、それぞれの立場から取り組みはじめれば、そうした取り組みがどこかで糾合され、人々の連帯のもと現状は変革されます。そういう意味でも、現状を打破すべく、親であろうと、地域住民であろうと、教育現場にいる者であろうと、まず一人ひとりが「情」の教育を、また日常生活者の育成を図ることからはじめるべきでしょう。

第四章　教育革命論の使命

　これまでの教育論は、現状社会（封建体制、資本主義、軍国主義、合理主義、能力主義）を無批判に肯定し、それへと適応できる子どもの育成を本務とするような刹那主義的傾向がありました（国家が教育を掌握しているかぎり、ルソーのような本質的な教育論は教育行政の主流にはならなかった）。そのため学校教育にあっては、教える内容（質）についての本質的な吟味がなされることは概してなく、いかに多くの子どもたちに当該社会が求める一定の知識や思考手続（論理）を効率よく習得させるかといった技術向上に、教育的議論のウエイトがおかれてきたといってよいでしょう。今日マスコミでも話題となっている学力論争などはその典型例です、何のための学力かは問われないし、考えられないで、ただ現状の「知」の体系に参与できる能力さえあればそれでよい、それが学力だというのが、学力低下を嘆く論者の一般的見解です[1]。

　しかし教育を支配の道具にしようとする特権層の思惑とは無縁に、日常生活世界を営々と伝承してきた非特権層に属する人々（庶民）が教育行為（子育て）に込めてきた思いは、子どもを特権的集団への単なる奉仕者にすることではなく、「生命体としてたくましく、集団的存在として幸せに、仲間とともに生きていけるように育てたい」といったことではなかったでしょうか。国家（特権層の利益擁護組織）のために人を殺し、殺される兵士にするためや、大企業や資産家階級のために命をすり減らす働きアリにしようと、子どもを産み育てる親は本質的にいないでしょう。

社会のその時々の思惑（要請）に応えるのが教育か、本質的な教育理念（「学習主体の生きる意志の尊重」、「生命体としての自律的自己を形成するための自己学習力の尊重」、「生命体として自然と共生して生きることの尊重」、「集団生活者として他者と協働することの尊重」）に応えるのが教育かといった単純な問いを設定した時、前者だという人が、教育に携わる者の中でも、実際は多くおります。(2) それほどに教育の本質について考える（理解している）人は少ないといえます。それはともかく、現状の教育（社会）が本質的な教育理念を体現しているのならば何ら問題はないのですが、もしそこに齟齬がある（現状が教育理念を無視しようとする）のなら、教育の根本理念を重視すべく、現状を変革すべきであって、その逆ではないと我々は考えます。

そういう意味では、教育の本質的ありようを考え、その現実化を図るためには必然的に社会の変革をも射程に入れざるをえません。ただ理念などいらない、現状を維持しつつ問題（不満）が生じればその都度、解消の方途を考え、処置すればよいとするプラグマティックな立場をとる人々も現実に多くいるわけですから、そういう人々の存在を無視はできません。それゆえ当然に、ここで述べようとする教育革命論がそうした人々にも理解され、支持される論理へと鍛えられる必要はあるでしょう。

地球上のおよそ六十五億の人々と、この後に次々と生まれてくる子どもたちすべての「生命と幸福」を保障する社会的枠組み（政治・経済・社会システム）について考えるうえでも、まず取り組むべきは教育の根本理念にそった教育実践です。生命体として何が一番大切であり、集団的存在として生きるうえで何が根本的に重要かをしっかり体得した子どもを育成することから、すべては新しく生まれ変わります。現代のような場あたり的な教育観や学校教育政策に代わり、日常生活者たるにふさわしい本質的な教育を受け、個としての自律的人格を形成した子どもたちが構想する新しい社会観に、我々は期待すべきでしょう。

教育革命の本旨は、一つの生命体として地球上に生まれたさまざまな子どもたちすべてが、自律的にそれぞれに固有な「生の充足」（生まれたことを悦び、生きることを楽しめる）を図れるようにすることだといえましょう。それゆえ、集団的存在としての「生」の充足は、生命体としての「生」を基盤においてこそ成り立つ、副次的な意味しかもたないといえます。そう考えると今日までの、社会に適応できる人間の育成こそが教育の使命だとする教育観、つまり社会的存在として「生」があるのであって、生命体的「生」は社会的存在性に包含され、従属するといった認識は、根本的な再検討（変革）を受け入れざるをえないはずです。

教育は、人類が創造した文化の一つであり、当該集団に生まれた者がその生活様式や思考様式を身につけるうえで、重要な役割をはたしてきました。しかし、生命は、集団が生み出すのではなく、地球であり、宇宙なのです。この当然すぎるほどの認識視座は今日まで、文化としての学校教育においてて重視されることはありませんでした、それは、学校教育が過度に集団組織維持のための道具として利用されてきたことによります（自己保全を図ろうとする支配層にとって、これほど有用な支配道具はありませんから)。しかしながら、支配層の道具とされてきた教育を、地球上に生きる生命体たる人間一人ひとりを生かす文化へと、つまり全人類の生命と幸福に責任を負う自律する文化へと昇華させる責務が、今日の我々にはあると考えるべきでしょう。

教育革命の使命は、これまでの本末転倒した現実、すなわち社会的存在性を重視するあまりに、存在(人間存在)の基体であった生命体的存在性を軽視するような教育を、根本的に変革しようというところにあります。社会的存在になるためには、生命体的存在性を犠牲にしても構わないとする教育から、社会的存在性よりも生命体的存在性(自分や仲間の命)の方が大切だとする教育へと、教育的現実を変革するということです。

富や知識(知力)を第一義として人を合理的に差別する社会よりも、人と人との情的共感や共鳴を重んじる日常生活者として生きることを第一義とする社会にあれば、すべての子どもがこの地球上に生まれてきたことを歓び、生きていくことに希望をもち、たがいに助け合いながら、それぞれの人生を楽しくすごしていくに違いありません。そのためには、近代教育がめざしてきた知育至上主義に代わって、自然や仲間との共生(共感・共鳴)を存在の拠り所とする「情」(生命を慈しむ心)を紡ぎ出す「情の教育」へと、教育の基軸を移さねばならないといえましょう。

第一節　原初的教育

子どもを産み育てる過程で、母親は、赤ん坊とコミュニケーションをとりながらさまざまな情報を赤ん坊に与え、赤ん坊の方はその意味を理解できなくても、母親がくり返すコトバをまねたりしながら、コトバと状況のつながりを理解し、意思伝達手段としてのコトバを身につけます。こうした行為のくり返しによって、親の発するいろいろな情報を吸収しつつ、それぞれの情報に基づく応用回路を子どもたちは独自に構築していくわけで、この親による親密な子育ての時期こそが原初的な教育であり、教育の原点だといってよいでしょう[3]。

子育てとは、赤ん坊が生命体として物理的に成長する手助けをすることであり、同時に精神的に大人の仲間入りができるようにすること、つまり、脳の回路をそのように初期化することでもあります。ですから、子どもが一人前に自分で食糧を摂（採）り、生きていけるようになれば（衣・食・住の受動的行為から能動的な生産行為を行えるようになれば）、そしてまた集団から一人前だと認められるようになれば、一切の子育ては終了した、といってよいでしょう。

自分の衣・食・住のすべてを自分で賄い（生産し）、なおかつ集団の一員たる役割を担えるようにすることを、子育てだと定義できます。この場合、わざわざ教育というコトバを使う必要はなく、子育てというコトバだけで十分でした。しかしながら、衣・食・住の質が変われば、親の提供する情報だけでは、変化した生活への適応には不十分であり、まして高度な情報を子どもたちに習得させられるだけの時間や能力は親たちにはありません。この時、それまでの子育てとは別枠の「教育」という行為が、子育て期間の中に盛り込まれる必要が生じたわけです、古代ギリシアでパイデイアーというコトバが少年期の教育をさすようになったのもその一例だといえます。

よって決して、教育は子育てにとって代わって、子どもの成長のすべてを担うものでも、担えるものでもありません。基本は子育てであり、教育はその不足を補うだけです。では、人類の長い歴史過程にあってくり返し担われてきた子育てに、教育なる付加的行為を必要とさせた「集団の質的変化」とは何なのでしょうか。この変化がなければ、それまでの子育てをただ継承していればよかったのですから。

たとえば長い間、狩猟・採集生活を続けてきたアフリカのピグミー族やブッシュマン、また遊牧生活をつづけてきたベドウィン族、そして初期農耕の生活をつづけてきたオセアニアの人々など枚挙に暇がないほどに、変化の少ない悠久の歴史的時間に生きてきた人々は、それぞれの子育てにおいて、赤ん坊を一人前の集団構成員に育ててきました。そこでは教育というコトバをわざわざ使う必要はなかったし、まして教育を特別に担う教育者などという職業は全く無用でした。子育ては、子どもを産んだ母親、父親、その親族、または所属集団の構成員たちが何らかのかたちで担ってきました。嬰児段階にあっては直接的に母親が担ったとしてもです(4)。

既述のように、自分で食事ができるようになることや、コトバなどをとおして親や集団の意思を尊重し、自身においてもその意思を主張できるようになること、また仲間と仲良く助け合いながら遊べるようになることなどが、子育ての核です。これらを前期の子育てとすれば、その後、仲間と協働しながらも、それぞれの身体を使い、自分の食糧を賄え(生産でき)、自分の衣服をつくり、自分の住居を建てる力量などを身につけられるようになるまでが、後期の子育て(一人前の大人となるための学習)だといえます。

もちろん、ふつう前期の子育てだけを子育てといい、後期のそれを子育てとはいわなかったわけで、わざわざ子育ての範疇に入れなくても、それぞれの子どもが独自に大人たちの行動を見習い、一人前となるための知識や能力を身につけていくものでした。そのため、大人は子どもたちがまねをしやすいように、またまねられてよいような行動を、つまりまねるべき行動をとる配慮を常にしていたということです。そういう意味では、日常の行動を模範として子どもたちに示すことが、大人たちの行うべき後期の子育てであるといえましょう。[5]

このように子育ては、生命体として生きようと本能的に意志する赤ん坊を、生きていけるように手助けすることを第一とし、集団（群れ）的存在として、その構成員たるにふさわしい文化を身につけられるようにすることを第二とする行為なのだ、といえます。そこでは、子どもを育てることにおいて一切の恣意的作為は働かず、ただ生命体として、集団的存在として生きていけるようにすることだけが、本旨でありました。

しかし、集団生活にあって、余剰食糧を介しての協業がはじまることによって、人々の間に支配と被支配の関係や職業の分化がおこり、文字の発明がなされたりします、こうした集団文化の多様化が加速しますと、子育ての後期において、それも一部特権層子弟たちだけを対象に、文字文化などの伝授をする必要が生まれました。これが、子育てとは別の教育なる行為が、分業体系の一角を占めるにいたる端緒であった、と考えてよいでしょう。

大多数の日常生活を営んでいる人々にとって、後期の子育てとは別に、ことさらに子どもたちに教育を施さなければならないような、新しく、また特殊な生活内容が突然にあらわれ出ることはなかったはずです。また、多くの子どもは日常生活者（庶民）たる親の労働を手伝うのに忙しくて、特別の教育を受ける時間はなかったし、親にはそのような費用を負担する経済的余裕もなかったはずです。後期の子育てにあっては、親が教師であり、集団の大人が教師であったゆえに、日常生活者として生きていくにはそれで十分であったのです。しかし、支配層子弟たちにおいては事情が違った、つまり特権的地位を継承するという特殊な事情の発生に基づいて、後期の子育てにあって行われていたそれまでの日常生活上の諸々の「知恵」や規範の習得とは別に、支配層たるうえで必要な知識や規範の学習が、教育という名のもとに加わったのでした。

特殊事情とは、被支配層のそれまでの文化とは異なる、支配層たる徴表としての文字をはじめとしたさまざまな政治的、宗教的儀式にかかわる知識（支配層の文化）の占有化と、その血族的継承を正当（正統）化する必要です。この点については後ほど言及するとして、そのような事情が生じても、集団構成員すべてに求められる原初的な子育て（普遍的な教育）の内容は、変わらないまま長くつづいていました。しかし、それも集団の規模が小さい間は問題なくつづいたものの、規模が拡大しはじめると（親族集団、氏族集団、部族集団、国家へと）、集団の中で支配層（衣・食・住の生産に従事しない者たち）と被支配層（衣・食・住の生産に従事する者たち）の隔絶が生じ、直接的な相互の交流が失われる中にあって、支配層子弟の子育て（教育専門家による）と被支配層子弟の子育て（親たちによる）における内容が違ってきたということです。

ただここで注意しておかなければならないのは、集団を基本的に支える原動力が日常生活者たち（衣・食・住の生産を担う人々）の生きる力であった、ということです。それゆえ、原初的教育とは、生命体的存在としての子どもの育成と、集団的存在としての子どもの育成をさしました、それも生命体としての「生きる力」と、仲間と「共生する力」を育てることが主要でした。それを要約すれば、教育（子育て）の本旨とは日常生活者を育成することだといえます。

このように、両義的なあたり前の子育て（生命体的存在性と集団的存在性の育成）こそが教育だとする人々（日常生活者）と、それとは別の支配層の徴表たる文字文化を身につけることが教育だとする人々（特権層）が混在することによって、教育というコトバが単純ではなくなったのでした。歴史的には、後者の教育観が学校教育に受け継がれたのに対して、前者の教育観（両義的な教育）は、いわゆる子育てとして、ことに乳幼児期の子育ての場面において引き継がれてきたわけで、近代以前にあって両者は、差別的構造を温存させながらも、それなりに棲み分けをしてきたといってよいでしょう。

第二節　教育の両義性とその歴史的一義化

教育の両義性とは、すでに述べましたように、生命体的存在としての人間の育成と、集団的存在としての人間の育成の両方を担うのが教育であって、どちらか一方だけで十分とするものではない、というまったく当然な教育の実相（本質）を認識するための概念です。これまでの教育の歴史において、アリストテレスの人間は「ポリス的動物である」（ゾーオン　ポリティコン）というよく知られている一節の影響によって、人間は国家社会において存在できるがゆえに、国家社会のために命を捧げられる子どもを育成するのが教育の使命だとする、一面的な（古代ギリシアのポリス市民のあり方を理想視する）考え方が支配的でありました。ここでわざわざ認識を新たにするのは、そうした薄っぺらな教育観を排除するためです。また、教育において最優先されるべきことは、生命体的存在として生まれた人間を生かすことであり、それを否定するような教育観は、欺瞞以外の何ものでもない、ということをも確認しておくためです。

もちろん両義的であっても、優先されるべき順序はあります。それも、生命体的存在の育成が第一義にあって、集団的存在の育成が第二義にあるという、あたり前の順序です。もしこの順序の逆転を認めるとするのなら、一切の生命体の存在は手段になってしまいます。それも、国家（君主）のための手段、または神（宗教）のための手段、あるいは企業のための手段、というように命は貶められるのです。

歴史を顧みれば、人々はたがいの君主や国家、あるいは信仰する神（宗教）が異なれば、それらを排除すべきだという単純な理由（支配や征服への欲望）から、たがいに争い、殺しあうという愚行をくり返してきたという、多くの事実にいきあたります。しかし逆に、争いを嫌った人々は、自分たちの君主を捨て、国家をすて、神をすてて、たとえ不毛の地にあっても、命を大切にする生き方を選択しました。この行動から我々は、手段になってしまったはずの生命体的存在性を第一義におくべく、手段であることを拒否する力能が人間にはある、という事実を知ることができます。

自国領内にあるさまざまな動植物（アメーバなどの単細胞生物から植物や動物といった多細胞生物）のすべては、わが国家が占有する権利をもつと主張しても、それら動植物（渡り鳥を典型例として）はその思惑の埒内にはとどまりません。それらは、君主Aや国家B、または神Cといったコトバ

（観念）の支配領域を超えて地球とともに生きてきたのであり、これからも地球環境にしたがって自由に生きていくでしょう。一切の動植物は、最初から一部の人間の観念を正当化する手段として生まれたのではなく、それぞれに固有な生命活動をすべく生まれ、生きていくのです。生命体的存在は手段ではなく、それ自身の存在が目的なのです、それも生きるという目的を遂行する存在なのです。その絶対的前提のもとに、集団（群れ）的存在性が、生命体を生かすために付加されるということです。

既述のように、原初的な集団における日常生活での子育てにあっては、子育ての順序が明白であったのに、集団規模が大きくなるにしたがって、順序を逆転させる集団があらわれてきました。それを可能にしたのは、支配層の文化としての教育です、それもすぐれた支配層が集団を支え、維持するのであるから、支配される側は従順であればよいとする考え方の徹底です。つまり支配の正当化（正統化）を、支配層と被支配層に徹底させる教育の出現です。これが、教育の歴史的一義化です。以下、具体的に説明していきたく思います。

先記のように、集団における支配層の出現によって、その子弟を後継者にふさわしい人物へと育てあげるための専従者があらわれます、それが分業体系の一角を占める「教育者」という職業の始原だといってよいでしょう。これは明らかに、それまでの子育てとは異なり、固有の目的をもってはじめられた作為です。教育は、権力層が自分たちの構想する社会像や人間像を具現すべく、子どもたちを自分たちの都合にあった色に染めあげようとする行為だといえます（特権層子弟のみならず、非特権層子弟も含めてそれは機能します。違いは、前者にあっては支配を正当化するための学習、後者にあっては支配されることの承服です)。

それは初期にあっては、日常生活者育成のために連綿と継承されてきた子育て(両義的教育)の場に、特権層子弟のための特別な教育が付加された、ということです。ところが、人々の気づかない間に、日常生活世界において「後期の子育て」を受けるはずの子どもたちにも、支配と被支配の差別的関係を承認させる(正当化する)学習が組み込まれてきました(教育の歴史的一義化)、このことに注意する必要があります。日常生活者だけを育成していた時代には、君主や国家、あるいは神のためにその命を捧げろと迫る子育てはなかった、なぜならそこにはまだ君主も、国家も、神も創造されていなかったからです。しかし、特権層があらわれ、その後継者育成のための教育が行われるようになると、そうした観念(特権層の出現が先か、観念創出が先かの議論はここでは省略します)のために命を捧げ尽くす子どもの育成が、非特権層の子どもたちにも求められました。いうなれば、「後期の子育て」は支配層に都合のよいように改変されていったということです。

こうして教育は、支配を正当化する道具として、権力装置の一翼を担うことになり、歴史的には、両義的であった子育て(教育)の意義を蔑ろにしつつ、支配の手段として一義化されてきたといえます。そのことは、今日までの教育の政治的役割(国家が期待する国民の育成のために教育が利用されてきた)の諸相から明らかだといってよいでしょう。もちろん、近代教育思想の多様な展開において、この一義化への図式はそれほど単純に描けなくなっていますが、実際に欧米や日本の教育史を繙けば、教育が歴史的に一義化されてきた軌跡を見て取れます。(6)

その一番よくわかる例が、学校教育です。学校は、既述のように、もともとは支配層子弟たちの教育機関として設置され、その教育内容も権力層が決めました。それゆえことさらに、日常生活に必要な「知恵」（子育ての後期で身につけるべき集団生活上の知恵）がそこで教えられることなどありませんでした。つまり、学校で教えられる内容は、支配を正当化し、支配層の文化を肯定するための知識や論理であり、それらを身につけることが学校での学習でした。

それは支配層子弟にとってまったく違和感のない内容であったものの、被支配層子弟には違和感のある内容（日常生活には直接的に役立たない知識）であったはずなのに、近代において被支配層の子どもたちが学校教育（公教育）へと組み込まれた時、彼らは素直にそれらを受け入れました。なぜそうなったのでしょうか。近代社会にあっては支配・被支配の関係は理屈のうえではなくなり、すべての住民は市民として公平（平等）にあつかわれます。つまり、虐げられていた非特権層の人々にとっては、特権層の文化の学習（学校へ行くこと）によって、その仲間入りができるというのですから、そうした知識や論理を学ぶことは喜びであったためか、歓迎されたということです。

しかし、子どもたちが学校（知を純粋培養する温室）で、特権層の文化の学習にすごす時間が長くなればなるほど、日常生活世界で長らく継承されてきた後期の子育て（教育）が疎んじられるようになりました。それは、学校での学習が、子どもたちと親や地域住民たちとの接触機会を減少させたことによります。またそのことは、子どもたちに日常生活者として一人前になる学習機会を失わせたといえます。それればかりでなく、親の職業形態や住環境の変化（仕事に忙しい親、たがいに干渉しない近隣住民）が、地域の教育力（日常生活者を育てる力）を衰退させてきました、それは都市部においては顕著に見られます。このようにダブル（学校での長時間拘束、地域の教育力の低下）

で、後期の子育ての機会が失われる事態にあっては、理屈において、学校教育が後期の子育ての代替をすべきであったといえます。いずれにしても、そういった経緯が学校教育の質的転換を求めたのだといえます。

今日では、子育ての前期(前期教育)は保育機関で、子育ての後期(後期教育)は学校機関でというように、親が私的に子育てをする時間はさらに減少し、行政機関または教育産業が親たちの子育てを代行しようとしています。理屈のうえでは、市民の機関が市民を育成するという理想が実現されていくかのようですが、我々はそれが欺瞞であることを知っています。それは、フランス革命以来二百年以上の歴史が証明してくれています、個々人が公平である市民社会は観念として存在しても、現実に存在したことはないという事実があります。おそらく、今後も存在しないでしょう(それはさまざまな理由によりますが、一例をあげれば、富裕層子弟のための学校と、非富裕層子弟のための学校が並存してきたこと、また今やその分離・分立傾向がさらに加速して学校間格差を生み出している事実があります)。

それはともかく、近代教育は本質的には、教育を受ける主体として個人を措定し、その人格的自律力の育成をめざそうとします。つまり、各人は生まれながらに自由・平等な市民(個人)である、だから教育によって、市民であるゆえの権利と義務を担う人格を確立しなければならない、というのが近代教育の主旨です。しかしながら、それは観念です、それも市民社会を措定した観念です。市民社会は、日常生活世界を基礎にしてのみ成立しえる観念ですから、近代教育は明確な足場をもたない想念でしかないといえます。それはともかく、市民社会は、ヘーゲルが明らかに示して見せたように、財（富）へのかぎりない欲望追求を行動規範とする個人が活躍する社会であるため、[7] 近代教育は、そうした規範を遵守できる個人の育成をも求められることになったのでした。

このように近代教育は、政治的な概念としての市民という人格的個の育成と、資本主義社会を引き継ぐ経済的な活動主体としての個人の育成という両方を担うことになったわけです。

しかし、先に言及しましたように、この新しい教育の潮流も、「教育の歴史的一義化」の渦に巻き込まれていますから、支配層の意図を受けて、体制維持のために利用されることになります。そのため、原初的な教育（子育て）が担ってきた「日常生活世界を継承する者の育成」が、学校教育のカリキュラムにもり込まれることはありませんでした。

それでは現代にあって、どのように「教育の歴史的一義化」は進んでいるのでしょうか。それは、教育が支配層子弟たちに対してはじめられたころの経緯と同様で、知育至上主義のもとに、知的能力の育成をもって、子どもたちを知力別に序列化しようとするものです。すなわち、自然科学や数学といった学問の合理的な方法論理、および社会科学や人文科学上の知識量や理解力を尊重し、そうした論理の理解や知識修得を社会的な価値とする風土（支配を正当化する論拠）の構築をもって、学校教育へもそうした方法論理と価値観を導入して、子どもたちの知力を合理的に序列化する、というのがそれです。またその序列化は、人々の生活の満足度を図る合理的指標として導入された富（所得）の多寡と連動させることで、子どもたちに知力の序列化への参入を動機づける（高い知力を身につけ、従順であれば、高額所得が保障される）構造になっております。

富を多くもつことに価値を認める態度を、合理的であると認識する教育が、現代教育の特徴の一つだといえます。たしかにそうした態度は、ある特定の価値観によってコントロールされているのですから、自然科学的合理性とは別次元のものであるはずですが、しかし、富（財）の増殖に貢献するような知的能力の涵養が、学校教育の役割とされてきているのです（株の売買を学校での学習に取り入れるという発想は、その典型例だといえます）。ことに教育の内容において近年は、市民の育成という比重は減少し、産業界の要望や自己組織化する社会システムを維持するテクノクラート養成のための「知育」偏重へと、シフトしているといえます。それも刹那的な状況にプラグマティックに対処できる能力が求められこそすれ、社会や人生に対して長期的な展望や理念をもつことは望まれません。近代教育は、当初は、それなりに教育理念が明確なものでした。もちろん、具体的な存立基盤をもたない切花のような虚弱な理念ですが、今日それさえも学校教育の現場では反映されなくなっています。

今日の教育状況を要約すると、日常生活世界を継承する子育て（教育）を顧みることなく、教育の歴史的一義化のもと、支配・被支配の構造を措定した資本主義社会（富める者の幸福追求を至上価値として、貧しい者の幸福を顧慮しない社会）の後継者育成を第一とし、市民の育成を第二とする教育だといえます。その学校教育での骨子は、「知育」に基づく合理主義的態度や能力主義的態度を養いつつも、利己主義的人間を養成することである、というようになるでしょう。

まさに子どもたちは、教育の場において具体的な生きる意味を体験し、身につける機会がないままに、観念的な思惑（当該社会の支配層が求める欲望）に翻弄されながらその一生を生きていく人間になる、というのが実態だといえます。

第三節　教育革命論の使命とは何か

教育革命論とは、これまでの教育の流れ、すなわち「教育の歴史的一義化」という特権層たちの自己正当化の手段として機能してきた教育を、子どもたち一人ひとりがその未来に希望と自信をもてるようにする教育へと、変革しようという構想です。それも人類の歴史を常に支えつづけてきた日常生活世界（両義的な教育）を継承し、さらにそのうえに新たな集団社会を創造できる人格を育てるために、教育を変革しようということです。

教育の原点は、既述のように子育てです。それも、生まれた赤ん坊が健康で、幸せに生きられるようにという親（母親）の強い願いのもと、親族や地域住民たちの助力をえて行われる子育てが原点です。それは、飽くなき富を求めて競い合う市民社会の一員になるとか、君主のために働く臣民になるとか、国家のために命を捧げる兵士になるとか、そういったこと（目的）のために子どもを産み育てる親はいないという前提に立ちます。子どもを道具や手段のようにあつかう観念は、人類史的に見て、新しい現象だといってよいでしょう。

子育ての基本は、生まれたことを悦び、生きることを幸せと思える人間の育成です、またそうした人間が生活する場が日常生活世界です。現代社会は、そうした生活の場にモノを所有すること（物欲・金銭欲）や、地位・肩書きをもつこと（名誉欲）などを介在させ、生きる本質をはき違えさせております。よくいわれるように、人は「生まれる時」と「死ぬ時」には何（モノやコト）ももたないのです。泡《あぶく》のごとき財（モノ）や名誉（コト）を求め続けるのが人生だ、と教育する状況は愚かしいといえます。

モノ（コト）を所有することを価値化するのは文化（観念）です。しかしそうした文化を根本的に支えているのは、私的で際限のない欲望追求とは無縁な日常生活世界です。この日常生活者の世界があってこそ、富や地位・名誉といった観念が意味をもつのであって、決してその逆ではありません。この日常生活世界を蔑ろにして、富や名誉のみを求めようとする人間の育成に奔走する教育は、いびつであるといってよいでしょう。親をはじめ、常に子どもたちと接している保育現場や学校現場の職員には、そうした視点があたり前のことであるはずです。

しかしそのあたり前のことをやれない外力が働き、知力をもって富と地位・名誉を求め競う社会へ、子どもたちを送り出す教育が、今日の学校教育の常識になっているというわけです。子どもたちと接する機会の多い者の多くが、まず抱く思いは、健康でたがいが仲良く、悦びに溢れて、のびのびと生きてくれることでしょう。決して自己だけの富（利益）を求め、他者の苦痛や貧困を顧みないような富者にしたいとは願わないはずですし、そのような富者たちの財を守る兵士にしたいとは思わないはずです。

このあたり前の思いを、素直に生かせる社会をつくるためには、あたり前のことをあたり前と思う心を育てなければなりません。あたり前のことをあたり前と思わない心を、育ててはならないのです。つまり、日常生活者を育てる教育が先にあり、その教育が生かされてこそ、あたり前のことをあたり前と思う心が育ちます。そして、そうした心をもつ人々が連帯する時、日常生活世界は再生します。この日常生活世界を足場にしてこそ、人と人が個人として関係し合う市民社会という観念が許容されるのです（市民社会を認めるかどうかは別ですが）。また同じような市民社会が採用されたとしても、今度は常に、日常生活世界からのフィード・バックを受けつつ機能しますから、暴走することはありません。

もちろん未来において、ルソーなどの思想家が思い描いた市民社会の理想が実現するかどうかは、我々の知るにおよぶところではありませんが、どのような社会が日常生活世界のうえにセットされるにしても、常に日常生活者によってフィード・バックをかけられることで、社会は子どもたちが生命体的存在として生き、かつ集団的存在として生活する悦びと幸福を充足させられる場となるはずです。あたり前の子育て（教育）をできなくしているのは、社会（集団生活の場）を富（財）の増殖工場（特権的生活を享受するための場）として捉え、子どもたちをその交代要員としてしか認識しない一部の大人たちの欲望です。

もちろん、そうした欲望を一般化する社会システムをつくったのは我々人類ですから、この現実を人間の創造的産物として認めなければなりません。しかしこれを、絶対的に不変な体制として受容しつづけなければならないことはなく、これを克服しようとする意志は正当といえます。なぜなら、一部の人々の欲望によって枯渇させられている「日常生活世界」を、日常生活者の「生きる場」へと取り戻すだけだからです。

人間が生きていける大地を涸らし、根を枯らして、枝葉（欲望の文化）だけで生きていけるとする態度が問題なのでした。そこでもう一度、大地（日常生活世界）を活性化して、根（日常生活者）

を育て、それにふさわしい枝葉（文化）を再生させる必要がある、ということです。そのためには、根にあたる日常生活者をたくましく育てる必要があります、これまでのように放っておいても、自然に育つというものではもはやないのです。以前であれば、日常生活世界に生きる親、親族、地域住民がそれぞれに日常生活者育成にかかわり、子どもたちを育てましたから、自然に育つように見えたにすぎません。今日、地域住民はもちろん、親族も、親もそうした子育てをしなくなっているゆえにさまざまな教育の問題が生じているわけですから、これからはしっかりとした教育理念のもと、自信をもって日常生活者育成に取り組むべきなのです。

では、この日常生活者を育成するにはどうするのか、またそれに加えて、近代社会がめざした「個人」という自律的人格の育成と日常生活者はどのように連関するのでしょうか。以下、これらの問題に少し言及したく思います。

日常生活者とは、生命体的存在として自然とともに生き、かつ集団的存在として相互が助け合いながら仲良く生きる生活者のことです。それは、人類誕生以来、世界中のどこででも見られたあたり前の生き方ですが、それを支えるのは自然への、そして他者への慈しみです。そうした気持ちを生み出すのが、個々人の心の基底にある「情」です。これは、胎児期以来のさまざまな脳のネットワーク化によって成長します。

まさにこの「情」の成長を図ることこそが教育（子育て）の根本であり、決して知力を伸ばすことが教育（子育て）の根本ではないのです。また「情」と「知」の両者を併せもつことが大切なのは当然だとしても、それには順序があります。集団生活にあっては、人と人の心のネットワークをもててこその「知」であり、「知」だけで人は生きられません。また親（養育者）に「情」をもって育てられてこそ、人を思いやる「情」が育ち、「知恵」が発達するのであって、「知恵」が発達してから「情」が育つのではありません。

ですから、「情」を育てることが最初であり、その後に「知」の育成がくるのです。教育革命は「知」重視の教育に代わって、「情」を基本とする教育をめざします。これまでの教育を歴史的に一義化しようとする潮流（特権的支配を正当化する道具としての教育）は、「情」の教育（日常生活者の育成）を重視することによって断ち切れます。そういう意味では、教育革命とは日常生活世界の復権をめざすことだといってもよいでしょう。

日常生活世界の中で「情」が育つのであり、特殊な温室的環境のもとで日常生活者の「情」が育つのではないのです、それゆえ子どもたちは、乳幼児期より日常生活世界の中で育てられる必要があります。そこでまず変革には、そうした教育環境の充実が先行的に求められます（教育環境は子どもを産み育てる現場を構成する自然環境と人的環境に分けられますが、ここでは後者に限定して述べたく思います）。つまり、子どもを産み育てる人々と、そのまわりにいる人々の意識変革です。そこから教育革命はスタートします。意識的に日常生活世界の環境づくりに取り組む人々によって、乳幼児たちはその成長過程をとおして、それぞれに固有で豊かな「情」を身につけていけるということです。

近代のヨーロッパにあって人々がめざした理想社会は、知的に自律した人格的個たる個人と個人の契約による政治社会であり、またそうした個々人による飽くなき財への欲望のぶつかり合いを肯定する経済社会でありました。もちろんそれでいて、それらは整合的に調和を保てるという思いがありました。まさに盆栽のごとく、育成者の意図のままに、そうした理想社会を生み出す個人が育つかのように、人々は考えたのでした。近代の教育思想は、最初からそういう困難な課題を背負っていたといえます。

生まれたばかりの赤ん坊が、何の媒介もなく、人格的個への教育を受ける準備を整えられるはずはないのです、そんなことは誰もが承知していたはずです。しかし、赤ん坊から幼児への成長過程での、個（近代社会を支える個人となるべく、鍛えられる素材としての子ども）の育成を図る配慮をすることもなく、最初から個の素質を有する子どもを前提に、人格的個の形成という理想教育が構想されたのでした。(8)

しかし日常生活世界での常識によって、近代教育を整序し直せばよいのです。つまり赤ん坊から乳幼児期までの教育（子育て前期）において、日常生活者としての「情」を育み、かつ人格的個としての存在性を準備させ（自然との共生、他者との共生によって自分が存在するという体験に裏づけられた意識基盤の形成）、そして児童期に、「技育」や「知恵」を介して個的人格たる責任意識の萌芽が育ちはじめることで、「知育」による人格的個の育成が可能になるといえます。この間の作業を除いて、唐突に学校での「知育」によって、人格的個が育つとするのは、あたり前のことですが、あまりにも空想的だったのです。

人と人、人と自然がつながっていてこそ、人は個たりえるのであって、つながりの契機（情）をもたない人は個たりえません。つながりがあってこそ、個という意識（区別）が意味をもつのです。

つまり、外界があるからこそ細胞壁が意味をもち、生物的個が個として存立し、なおかつ両者のつながりが残っているからこそ個は代謝をつづけられるのと同様です。環境的枠組みとのつながりがあってこその個であり、環境とつながりをもたない個を個とはいいません、そんな個は存在しないのです。

独立自存な個人など存在しないにもかかわらず、存在すると観念するがゆえにドグマが生じます、環境があってこそ自分（身体的かつ精神的な主体）が存在するのに、その環境やつながりを軽視しようとするドグマほど危険なものはありません（大乗仏教での悟りを示す「空」というコトバは、一切は関係において存在するという自覚を早くも人々に促しておりました[9]）。いずれにしても、そのようなドグマを正当化する「知」は危険であり、環境との連帯のおかげで存在している自己を顧みさせないような教育は、いらないといってよいでしょう。連帯によって存在している自己を情的に了解し、そこを知的に捉える「知」の育成が求められているのです。

「知」とは生命体を生かし、集団の仲間を生かすために機能させるべきものであり、観念的自己（個人）を生かすべく、他の生命体の犠牲を正当化するために機能させるものではないのです。明らかに「知」が機能すべき射程は、日常生活世界によって決められるべきでしょう。逆に、日常生活世界の規制が働かない「知」は、人類の滅亡さえも射程に入れ、機能します。核兵器などの殺戮兵器の開発、汚染物質による自然破壊など、「知」の暴走には枚挙に暇がありません。

人と人、人と自然がつながる日常生活世界があってこその個人であり、「知」なのです。個人があって日常生活世界があるのではないし、「知」が日常生活世界をつくるのではないのです。日常生活世界を基盤としてこそ、個の自在なありようを求める「個人」なる観念が文化的意味をもつのであり、その意味化のために「知」が機能するわけです。独立自存する知的なだけの個人が集まって目的集団はつくれても、日常生活世界（人と人が情でつながる集団）はつくれません。まして赤ん坊も個人だ、それも知的個人だとされた時、親はミルクを与える必要はないし、何も教える必要はない、なぜなら赤ん坊は知的個人なのだから自分一人の力で食べ物を探して食べ、自分の意思をコトバを使って主張できるのだから、ということになります。

しかし、こうした論法の滑稽さは明白です。つまり、現実の生命の歴史、人類の歴史において、赤ん坊を産み育てるのは親としての「情」（本能）によります、何も親個人の合理的理由からではありませんでした。また子育てを支援する親族や集団の仲間は、「情」の連帯として手助けするのであり、個人的利益を考えてではなかったはずです。そうした「情」によって、何世代もの赤ん坊は、何世代もの一人前の人間へと育てられて、今日の人類が形成されてきたのだといってよいでしょう。

自分が病気やケガで働けない時、無償で食べ物を分け与え、代わって働いてくれる仲間の存在は、借用証文をとり、その返済までの利息を請求する個人と個人の関係での個と同じではありません。また路上で苦しみ困っている者に対して、仲間同士、人間同士としての「情」から手を差し延べるのであって、個人としてその助力への対価を支払うのなら助力するが、支払えない場合は放置するといった「知」的打算による関係は庶民の歴史にはなかった、といえます。

こうしたあたり前の世界にあぐらをかいて、個人主義だ、合理的な個と個の関係的社会は独自に成立するのだといった観念を主張することも、その正当化を教育機関をとおして行うことも、本末転倒の愚挙だといえます。「情」を豊かに育てることで、温かい心と慈しみに溢れた人間が育ち、誰もが生まれたことを悦び、幸せに暮らせる日常生活世界が継承されるのです。「知育」は日常生活世界の継承を前提として行われるべきであり、決して特権的支配構造を護持するために「知育」が利用されてはならないのです、それはこれまでの歴史的反省に立って、確信されるべきことでしょう。

「情」を土台として「知」が育てられ、日常生活世界を基盤にして市民社会が構想されえるのであり、「知」や市民社会は土台や基盤に取って代わることはできません。このように教育（子育て）において、「情」を育てることや日常生活者を育てることは、人類が生きていくうえでもっとも大切な基礎の基礎です。これは人々がその生涯にわたってもちつづけるべき「生きる原点」であり、次の世代へと受け継がれていくべき「存在の基盤」でもあります。

生まれた赤ん坊を取りまく温かい人々の「情」が、豊かな「情」に溢れた子どもを育てます。そうであってみれば、そうした人的環境を背景に育ってきた子どもたちに対して、それを引き継ぐ保育現場や学校現場は、「情」と「知」の連関や、日常生活世界と個人の連関を、子どもたちの心の中にうまく紡ぎ出させる教育の場となるべく、変革されねばなりません。教育革命論はそういう使命をもっている、といってよいでしょう。

第五章　日常生活世界と「情育」

第一節　生命体的存在性

近代以後において多くの人々は、人間は、物理的には自然に依存しているものの、その運動法則を認識さえできれば、意識において自然の恣意（驚異）から自由となり、自然を支配できる存在になれると考えてきました。つまり、さまざまな文化（知識）を豊かに蓄積することによって、人類は自然への従属（自然への畏怖）を脱し、さらに自然をコントロールできる存在になるのだとする観念を、比較的素直に受け入れてきた、ということです。

けれども今日そうした観念は、自然に対する知見（どこまでも人間の身体性や精神性は自然《全宇宙》の産物にすぎないという知見）が豊かになればなるほど滑稽に映ります。すなわち本質的に人間存在は、自然の必然的な運動性向の一事象（様態）にすぎない、ということが明らかになってきたからです。もっとも、知見が豊かになったからといって、これまでの倒錯した観念が人々にあって、今すぐ全面的に改められることはありません。しかし徐々に、自然を支配するという傲慢な姿勢は、さまざまな分野で改められていくことでしょう(1)。

生理的に人間は、自然とつながっています。つまり、人間の身体はタンパク質を基本成分として構成され、また脳内の各種ホルモンの分泌は大脳の活動に多様な変化を起こし、その多寡は、固有であるはずの心象風景にも大きな影響を与えますから、人間は物理的にも、精神的にも自然との代謝によって成り立っていると考えるのが常識でしょう。それは、いかなる意識現象（観念）も、モノ的な活動の様態だ、という認識を促します。すなわち意識は、人間というモノ的存在に固有な生理的現象（コト）の一つにすぎないのだ、ということです。

「神は存在するのだろうか」と考えている私の意識的現実は、私の脳の独自な活動であるといっても、私の胃や心臓などの身体活動のすべてによって支えられているわけであって、身体活動が停止すれば、たとえば心臓が停止し、血流が止まれば、脳は活動しなくなり、そうした意識活動は消滅してしまいます。このことから、いかに我々が「自然を支配している」などと意識しても、その意識は身体機能全般に依存しており、また身体は自然自身の多様な様態の一つであるゆえに、いかなる意識活動も自然の埒内にあること（自然という運動体の一部にすぎないということ）がわかります。私という身体的存在性、すなわち生命体的存在性があってこその意識なのです、これは逆転しえません。

いかなる宗教（神）を信じようと、いかなる空想を抱こうと、それらの意識は、それぞれの身体によって支えられているわけであって、その生命体的活動を超えて表象しつづけることはできません。自殺を考え、実行するところまで意識できても、死んで身体（脳）活動が停止した後では、生き返ることは意識できないのです。こうした絶対的事実を前にして、人間存在にとって一番大切なのは身体的存在として生きることである、ということが明らかになるはずです。それは人間の存在において、生命体的存在性が一切を超えて最優先される、ということです。物理的存在たる生命体として生きてこそ、人間の意識活動は可能となり、集団的存在としての文化的活動も可能となります。決して、この順序は逆にはなりません。では、生命体的存在性とはどのようなあり方なのでしょうか。

地球誕生から数億年を経て出現した自然環境にあって、炭素をはじめとするさまざまな原子がアミノ酸などの分子を生み出し、それらの分子がタンパク質を、さらにまたそれらの結合が海洋中にあって生命体を誕生させた、といわれております。[2] このように（巨視的には）生命体の誕生は物理的必然であったといえますが、人間の側からすれば（微視的には）さまざまな偶然の重なりだ、というように捉えることができます。

ミクロ的にみれば、諸々の分子の偶然的な発生要件が整わなければ、諸々の分子の結合としての生命体は生まれないということであり、また所与の要件が大きく変われば、生命活動は終息してしまう、ということを意味します。[3] それをマクロ的に説明すれば、人類を含めたすべての生命体は、地球誕生以来の運動性向にしたがって存在しているといえます、つまり物理的環境を与件として存在しているにすぎないといってよいでしょう。これらのことは、人間の意志で人間が存在できるのではなく、また当然に人間が意志するから宇宙が存在するのではなく、宇宙の多様な運動の一つとして地球が生成され、人間が存在している、ということを意味しています。しかしながら、このような宇宙的必然に支配されつつも、我々人間の一般レベルでの視座は微視的であるため、さまざまな偶然（運命）に支配されるのが生命体（人間）の宿命だと認識することになります。

さて、単細胞生物として生まれたものは、何回かの細胞分裂をくり返しつつその生命を維持しつづけるのに対して、多細胞生物は体細胞と生殖細胞を分けてもち、その体細胞はアポトーシスやアポビオーシスという細胞死のプログラムを組み込まれ、生命体としての命の限界を設定されています。[4] もちろん、その限界以内に死亡することも含めて、与えられた命には限界がはじめからあります。すなわち「生きる」とは、与えられた環境にあって、その宿命的な死を迎えるまでの期間、それぞれの物質代謝をくり返しつづけることなのだ、といってよいでしょう。

このように生命体の本旨は、「生きること」であり、「生き抜くこと」です。固有の細胞壁をもち、外界と隔絶することでその存在を成立させる原核生物は、存在を維持するために外界からエネルギーを摂取しつづけるべく代謝活動を行わざるをえません、そのような視点からすると、「生きること」とは、外界との代謝活動だということになります。[5] このことは多細胞生物でも同様であって、違いは細胞間での役割の特化と協働関係が加わるだけで、有機的統合体としての個体（多細胞生物）を維持するために代謝活動をするのは同じです。代謝が止まれば、個々の細胞に死が訪れるだけです。多細胞生物たる人間も基本は同様で、当該の生存環境から食糧（エネルギー）を摂取しつつ（赤ん坊の時分は母親などからの授乳を受け）、それぞれに固有な生理的活動を行っているにすぎません。そして、その生理的活動をそれぞれの死がくるまで、どこまでも維持しつづけようとすることが、「生命体的存在の存在性」だといえます。

人間を含めて地球上の生命体のすべては、自然《宇宙》によって命を与えられ、生かされているのだという認識と、与えられた偶然の命を決められた死（アポビオーシス）が訪れるまで生き抜くのだという認識が、生命体の存在性を捉えるうえでは、重要な視座だといえましょう。そして、人間という存在の生命体的本質とは、主客的に見て、その存在の偶然を現実として引き受けつつ、偶然が成立しつづけるかぎり、ひたすら生き抜こうとする（環境との代謝を継続する）態度にある、といってよいでしょう。

そうであってみれば、人間の存在意味を問う場合において、この「ただ生き抜く」という生命体としての存在性を第一義におくことなくして、人間存在を考えることは不可能だし、無意味だといえます。このことは既述のごとく教育においても同様で、生命体としての赤ん坊を生かし、一人前に育てることが教育の第一義の使命であって、それに代わる使命などありえないのです。

第二節　集団的存在性と日常生活者

単細胞生物をはじめいろいろな生物は、その与えられた環境に応じて増殖をくり返します、ことに最適環境においては大量発生しますが、最悪の環境では絶滅します。しかし地球環境がさまざまに変化してきたにもかかわらず、生命の歴史は今日なおつづいております。それは、環境に適応する確率をより高めるべく、進化の方途として「群れ」をつくり（群生し）、多くの子孫を残すようになったこと、また決してすべてがまったく同じ遺伝子（DNA）をもつのではなく、突然変異体をも子孫（環境が変わった場合の布石として、異なる環境にも適応できる能力をもった種の一部）として残すシステムを装備するようになったからです。

このように「群れ」をつくるのは、多くの子孫を残すのに適しているからであると同時に、環境が変わった場合での絶滅というリスクを避けるべく、適応に富んだ多様な変異遺伝子（DNA）を保持するのに、集団生活が適しているからだといえます。もちろん、よく知られているように、「群れ」をつくる鳥や魚にとって「群れ」は、単独行動するよりも、外敵から種を守るのに適しているということも加えられます。いずれにしても、「群れ」を組む（集団生活をする）のは、そうした種（生物）の維持に最適だからです。

このことは、生物としての我々人類にもあてはまりますが、人類にはそれ以外の特殊な要素が多数加わっており、集団的存在性の意味は複雑です。[6] ことにコトバなどの文化を創造し、継承するためには集団生活は不可欠です、もちろん、集団生活をしていたから文化が生まれたということは、述べるまでもありません。そのことは、ある「群れ」のニホンザルだけがイモを洗って食べる、またある「群れ」のチンパンジーだけが枝を使ってシロアリを釣って食べるなど、所与的に顕在しないものの、群れることによって発現する数多くのサルたちの文化的行動から類推できます。[7]

人類にあって、さまざまな文化が形成される歴史的経過はともかくとして、集団生活する人間には、動物としての本能的に群れる性向だけではなく、集団文化の継承者であり、集団文化の創造者でもあるという群れることへの動機づけが、集団によって刷り込まれるようになっています。都市文明のもとに生きる人間には、本能次元での群れることへの拘束よりも、文化次元での群れることへの拘束の方が強いといえます。コトバの習得にあって、当該地域の住民が使用する言語や風俗・習慣が文化的刻印として刷り込まれたり、特定の神（宗教）への信仰心を植えつけられたり、さらに場合によっては愛国心の名のもとでの出征の強要など、その拘束は生命体としての「生きる」という本旨をも凌駕します。

こうしたことから、もし、クローン技術による人間製造や遺伝子操作による人間改造が行われるようになったなら、人間の生命体としての存在性は薄れ、集団的存在性が人間存在の全称命題になる時代がくるかもしれません（人間は自然の手を離れ、集団の手でつくられ、改造され、コントロールされるというように）。ことほどさように、我々人間の存在性は、都市文明の進展とともに、集団的存在化へと収斂されていっているようだといえます。

いずれにしても、人間が人間となるには集団（群れ）が必要なのです。地球という自然環境の中で偶然に生まれた赤ん坊は、生まれて直ちに個として自分だけで生きていく機能を装備していませんから、母親なり、それに代わる養育者に育ててもらわなければ、生命体としての存在性を維持できません。まさに生命体の側面から見れば、偶然に発生した生命を生かし育てようと取り囲む自然環境の一部として母親（養育者）が存在する、と考えるべきでしょう。またこの母親が集団生活をしているゆえに、子どもを取り囲む自然環境の一部として集団社会が存在し、必然的に子どもは集団的存在者となるべく準備されているのだといえます。

もちろん、母親が孤島などでたった一人で赤ん坊を産み、子どもと二人だけで暮らし、他者との共同生活を決してしないのであれば、その子どもは生命体的存在であっても、集団的存在者たりえません（母親のもっている集団文化の刻印を一部継承するとしても）。しかし母親が多様な人々の中で暮らしていれば、その子どもは胎児の段階から、問答無用にさまざまな集団情報の励磁を受け、集団的存在となるべく運命づけられます。

このように母親の生き方が、子どもの一生を決める分水嶺となります。それゆえ、子どもを育てる親（養育者）がどのような集団において、いかなる共同生活を営んでいるのか、まさにその生きざまが子どもの集団的存在性を限界づけるといってよいでしょう。そこで、集団的存在性を考えるうえにおいて、親は自らが所属する集団とどのようなかかわりをもつのか、その諸相に考察を加えてみる必要があります。

生命体（哺乳動物）としての女性はたいがい赤ん坊を産むことはできるし、母親となれば本能的に赤ん坊が自分で食糧を手に入れられるようになるまで育てるわけで、よほどの例外がないかぎり、生命体を産み育てる本能レベルではほとんどの母親に差異はないといってよいでしょう。しかし現実に、我々の目に映る母親はさまざまな個性をもちつつ、子どもを産み育てており、その育て方は多様です。(8)

子育てにあって、親は「雌」なり、「雄」としての本能で育てる面と、集団文化を刻印された「おかあさん」なり、「おとうさん」として育てる面の両面で子育てを行っております。実際上は、「おかあさん」あるいは「おとうさん」として、その社会性（自分が背負ってきた集団規範や文化情報）を子どもに刷り込むべく、育てているのです。ことに今日、高度に産業化された文明・文化が席巻する都市地域にあっては、哺乳動物一般の子育てに見られる本能的ともいえる子育ての原風景を見ることはなく、そのほとんどは文化のヴェールをかけられ、社会的に管理されております。

病院での出産後に保育器で育つ赤ん坊、母乳ではなく人工乳で育つ赤ん坊、乳幼児期から保育所で育つ子ども、情操教育や知育のために早期から塾（教室）にかよう乳幼児、子育ての仕方がわからないと医者や専門家に相談する親、このように枚挙に暇がないほどに親と子は現代社会が設定する特殊専門的な諸文化にどっぷり浸かり、翻弄される構造になっております。親の個性のほとんどは、集団文化によって形成されていますから、当然その子どもの個性はその枠から自由ではありません。しかし集団がもつ情報が多様化すれば、子どもは多様化の影響を大きく受け、親とは異なる個性の履歴を刻みます。子育てが多様になったのは、集団文化に晒された親の成育・成長履歴が多様となったゆえに、子どもたちにおいてさらに成育履歴が多様となる相乗効果が働いたからです。

それでも親は、以前に比べれば希薄になったとはいえ、それなりにそれぞれの家系の特質を引きずっております。それは、見る、聞く、感じるといった親たちの親との直接的な接触が原体験として、継承されつづけているからだといってよいでしょう。本能に裏づけられた、あたり前の子育ての現場を体験しないで育った親には、文化情報（専門家の意見）に依存した子育てしかできませんが、自分の親（親の親）との肌をとおした養育を受けた者が親となるかぎりは、その家系の特質（自分の親から受けた子育てのノウ・ハウ）を引き継ぐことになります。親がどのような集団の、どのような階層に属し、どのような文化的影響を受けて、固有の個性を築いてきたのかによって、子どもの個性の原型は左右されます。これらの側面をさして人々は、「子どもは親を選べない」といってきたわけであります。

そういうふうに見ると、文化としての教育の根本的変革を構想する我々にとっては、子どもを産み育てる母親の、そして父親の集団的存在性の変革が、先行すべき最重要課題だということが明白になってきます。たしかに、親たちを取り囲む血縁や地縁の集団の影響力を無視して、親だけの集団的存在性の変革を考えても仕方がないかもしれません。しかし、変革には順序があります、教育においては子どもを産み育てる母親にイニシアティブがあるのですから、両義的な教育にあって前期の子育てを担う親（養育者）がその気にならなければ、何もはじまらないといえましょう。それゆえ、子育てへの毅然とした親の態度が、歴史的に一義化されてきた教育の質的転換を起動させます、それほどに親たちの決断は重要なのです。

そこでまず変革への第一段目として、母親や父親を教育することが必要になります、つまり地に足が着いた日常生活者となる子どもの育て方を、母親や父親となった者に教えなければなりません。第二段目として、そうした教育を受けた親たちとともに、新たに誕生した赤ん坊や、すでに一定のカラーに染まってしまった幼児や児童および青少年を、「自然と共生しつつ他者と協働できる日常生活者」へと教育することが、必要となります。そして第二段目の教育を受けた子どもたちが成長し、その原体験をとおして日常生活者としての自信をもった第二世代の母親なり、父親となって、新たに、その赤ん坊を育てはじめる時、当然に第三段目として、自然との共生や他者との協働生活を当然のことのように血肉化できる子ども（日常生活者）の育成が、可能となるのだといえましょう。

このような三世代にわたる教育過程を経てはじめて、生命体的存在でありつつも集団的存在たりえる個、つまり生きることを悦び、他者と協働することを幸福と感じる自律した日常生活者の育成が、可能となるはずです。この時、「子どもは親を選べない」ということはなくなるでしょう。なぜなら、利那的な価値観に翻弄された社会的存在としての母親・父親（教育の普遍的理念を知ることもなく、子どもの刹那的な成功のみを考える親）にではなく、日常生活者としての自信に溢れた母親・父親に育てられつつ、またその母親・父親を取り囲む血縁・地縁の集団構成員たちの「生命への愛」や「共生者への愛」を、その誕生以来、体験しながら血肉化して育つからです。そうした自覚的な親たちにあっては、根本的な子育ての内容に、もはや著しい差はなくなっておりますし（自分の子どもを富・地位・名誉追求競争の勝者にすることだけを考え、他の子どものことを顧慮しないような子育ては行われないからです）。

もちろんそこで共通項となるのは、日常生活者として生きる能力をもつ人間の育成であり、そうした人間同士としての共生や協働を至上の価値とする人格の育成であります。またそういった人格の育成によってはじめて、近代ヨーロッパ社会がめざした個人という観念が、具体的な足場をもった実在的な存在性をもてるようになるのです。

第三節　日常生活世界と何か

日常生活世界というのは、生命体として生まれたすべての人間が生きる場（自然環境）であり、その者が集団的存在として仲間とともに生き抜く場（人的環境）でもあります。それはまた、生まれた赤ん坊が成長し、一人前になり、今度は一人前の大人として自分の子どもを産み育てるという、個体維持と種族保存の本能レベルでの活動が、いく世代にもわたってくり返される場である、とも表現できます。いずれにしても、それぞれの生き方は多様ですが、究極的には当該の自然環境と当該の人的環境が日常生活世界を構成し、各々の生命活動を支えているといってよいでしょう。

このような日常生活世界に生まれ、育ち、生き抜くのが日常生活者です、生命体発生の自然史的経過より見て、環境が整って後に生命体が誕生するのですから、環境である日常生活世界の励磁を受けてこそ日常生活者として存在できるといえます。では、日常に生活するという場合の「日常」とは何でしょうか。それは、単純に表現すれば、「普通に生きる」ことだといえます。それは各個体が、遺伝的に与えられたその潜在的力能を所与の環境をとおして開花させることをさします（その死をむかえるまで）。もちろんそこには、本質的に各個体間の階層化や、差別化といった作為は含まれておりません。

つまり、ここでいう「普通」とは、明治期以来の日本人として、また縄文期以来の日本人として、さらに大陸や南方などから日本へ移住する以前のアジア人として、さらには約四百万年前の類人猿から分岐したアウストラロピテクス（人類の祖先）の子孫として、もっとその視座を広げれば、全哺乳類の一員として、また地球上に生命体が誕生して以来ずっと「命」を継承してきた全生命体の一員として、といった「生きる営み」を地球という所与的環境のもとで、精いっぱい実践してきた生命体一般に見られる「生きることの原型」をさします。表現を変えれば、さまざまな生命体による生きる実践の積み重ねによって、浮き彫りにされてきた「生きるための基本的行動性向」こそが、日常なのであり、普通の生き方なのだといえます。

そういう意味では、もっと我々はいろいろな生命体の生き方を知るべきでしょうし、さらにもっと歴史上のさまざまな時間的断面や、地理的に多様な空間的断面にあって見られる人類の生き方を知るべきでしょう。そうすれば、「普通」という言葉がより明確で実証的な概念となって誰にでも理解でき、「普通に生きる」ということが説得力をもつはずです。ことに今日のような、グローバリズムの名のもとでのアメリカ流の経済社会体制への模倣によって、さまざまな地域での日常生活世界が解体されつつある時、子どもたちがそれぞれの出生地域での日常生活を引き継ぎ、人と人が仲間として連帯していくことの大切さを体験しつつ、その豊かな意味を認識することは重要です。

それはともかく、普通の生き方は、我々の祖先たちが長い間営んできた日常的な生活の中に溶け込んでいるのであります。それは、権力や富（地位・名誉）などとは無縁に、自然との共生において、仲間たちとの協働を行う中で、子どもを産み育てながら、老いて死んでいくといった、いく世代にもわたるそうした人生のくり返しで十分とする生き方です。自然環境とは生きる場であり、仲間とは生きるうえでたがいに助け合い、歓び合う自分の分身である、そういった意識を生み出す生活環境こそが、日常生活世界なのです。

一般的には、伝統的日常生活というと、封建時代の差別社会を保守するようなイメージがあります。しかし既述のように、江戸時代や室町時代といった短い時間のスケールではなく、人類誕生以来という長い時間のスケールにあって、政治的な支配抗争とは無縁に、庶民といわれる人々によって継承されてきた本質的な生き方こそが、日常生活であるという認識は必要でしょう。それは、衣・食・住という個体維持、生殖・育児という種族保存の生物的な欲求を充たすために、伝統的に人々が遵守し、継承してきた生活スタイルであって、特定の支配者に命令されて受け継がれてきたのではありません。もちろんそうした生活は、本能だけによるものではなく、長い時間をかけた人類の「知恵」によってつくりあげられてきた文化だといえます。

経済社会が、狩猟・採集であろうと、遊牧・牧畜であろうと、また農耕であろうとも、継承されてきた本質的な庶民の生き方は変わらなかったし、また政治形態が王制であろうと、貴族制であろうと、また民主制であろうと、やはり庶民の生き方は変わらなかったといってよいでしょう。我々人類が今日までも生きてこられたのは、庶民といわれる大多数の人々が自然環境を大切にし、仲間と助け合うことを大切にしてきたからです。少数の支配層がその権力を維持できたのも、そうした大多数の人々が離反することなく支えたからです。支配層がすぐれていたから庶民が生きてこられたのではなく、大多数の庶民といわれる人々の自然や仲間への温かい心が、人類の命の継承を可能にしてきたと考えるべきでしょう。

ただ、そんなことはあたり前だし、あたり前に引き継がれるべきことだと人々が思ってきたにもかかわらず、近代ヨーロッパの個人主義の流れ、厳密には私的な利潤追求を根本原理とする資本主義下の個人主義化は、そのあたり前に維持されるべき日常生活世界の解体を進めてきました。自然環境との共生や仲間との共生を企業の打算（金もうけ）のために蔑ろにしてもかまわないといった趨勢は、異常だといってよいでしょう。四百万年の人類の歴史からすれば、ほんの三百年ほどの資本主義の歴史が我々の生活文化のすべてを一元的に組み換え、世界を支配するのは正当だとする観念は、思いあがったドグマだといえます。

資本主義社会は日常生活世界を基盤として成立しえ、人々の温かい支え合いの生活習慣を背景に維持されえるのであって、富める市民層らが私的所有や個人主義の意義を主張し、飽くなき富の追求を法的手段をもって正当化しても、それは日常生活世界がなくては成り立たないのです。資本主義がいかに日常生活世界を巻き込んで（利用して）、自らの経済論理を正当化してきたのかという、歴史的事実の認識は必要です。しかしそれ以上に、人々の生きる場としての日常生活世界の意義とその重要性を、我々が理解し、さらに意識的にその復権を図るべく、現状変革へと取り組むことが何よりも先決だといえましょう。

日常生活世界の復権にあって、日常生活者として子どもたちが備えるべき能力は、①たくましく生きるうえで必要な身体基盤としての「体」、②母親をはじめとした、さまざまな仲間や自然をとおして紡ぎ出される心の基盤としての「情」（これによって他者や自然とつながり、共感や共鳴、そして共生といった感情が湧出する）、③人と人の和を尊び、他者の人格を受け入れる「徳」、④「体」・「情」・「徳」といった個人的で曖昧な度量を普遍的な「知恵」へとつなげる「技」、さらに、⑤それらの「体」・「情」・「徳」・「技」を論理的かつ普遍的なコードのもとで捉え返そうとする「知」と、大きく五つに区分できます。その中でもっとも大切な能力は、「情」です。

第四節　日常生活者と「情」

日常生活者とは、自然との共生のもと、生命体として日々生きるために必要な食糧を摂取し、雨露をしのげる場所に住み、寒暖を調整するための衣服を着用し、同様の仲間たちと（争いを避けつつ）共生・協働する生き方こそが人間にとって、もっとも大切だとする人間のことをさします。この生き方は、既述のごとく人類の誕生以来、人々が共有してきた生き方の原型だといえましょう。生き方の原型とは、地球という環境がつくり出した生命体たちの生き方の鉄則にしたがって、人類が、その生活域を温暖地・寒冷地・沿岸域・内陸部・山間部などさまざまな方面へと広げる過程でも、変わることなく継承してきた人類固有の生き方の一般的な様式（文化）だといえます。

これらが連綿と祖先より受け継がれてきたのは、そしてまたいくらかの地域で、今日なお原型的な日常生活を踏襲している人々が存在するという事実は、地球上の生態系の循環にそうした生活が適合していたからであり、我々がそれを承知し、子どもたちに伝承させるべきだと考えてきたからです。日常生活者としての親が、子どもを産み育てるうえで子どもに託すのは、この生活スタイルを受け継いで、仲間とともに自然に抱かれながら幸せにその寿命をまっとうしてくれることであったはずです。

多様な自然環境（風土）のもとで、人々は、日常生活にあってどのような子育て（教育）が最低限必要かを、親と子の間にあって調整させてきました。つまり親たちの生活の様子を、乳児はいろいろな機会をとおして観察しているのであり、さらに幼児になると同世代の仲間と遊びつつも大人たちの生活を凝視し、日常的な生活規範をまねながら、それぞれに咀嚼してきたのです。

親（ことに母親）の日々変化する心臓の鼓動をはじめとした感情や体調を、赤ん坊はその肌をとおして感得しつつ、生命体でありつつも、集団的存在でもある人間の心の動き（情）を、親たちを媒体として、自らの脳神経回路に装備させていくのです。[9] 人間の「情」（喜びや悲しみなどの心）は、さまざまな人々や自然とのかかわりによって紡ぎ出される「心の中核」であり、その中核を囲むようにしていく層にも諸体験が積み重なって、個々人に固有な情的世界が築きあげられるのです。そうした「情」を足場にして、徐々に子どもたちはいろいろな見知らぬ世界（他者や自然）と向かい合いつつも、それらと連帯して生きていけるのだといってよいでしょう。

おそらく赤ん坊が誕生後、母親たち人間と接することなく、ただ太陽・夜空・雨風・海山・動植物などの自然環境の中だけでたった一人で生きるのならば、人間固有の「情」は紡ぎ出せないはずです。まさに母親たち人間とのかかわりによって、脳にあって「情」の回路が起動し、それをもってたがいの「情」（心）が共鳴しあえるようになり、そこから人間としての連帯感（自己も他者も人間であり、仲間同士だという意識）を共有できるようになるのだといえます。

「情」という「人間と人間」および「人間と自然」をつなげる紐帯が、心の中核に紡ぎ出されて、子どもたちは仲間との共生や自然との共生を、自己の存在そのものを支える不可欠な基盤だと感じ取ることになります。そして、それらとの相互的関係性を尊重する姿勢が意識の根底にセットされます。またさらに、単なる脳の旧皮質を構成する神経細胞の活動でしかなかったものが、関係的存在でありつつも主体的存在でもあるという人間の精神世界を構築する能因へと昇華していく（新皮質の活動を励起し、新旧の脳活動の均衡を図る）のです。つまり「情」が育って、個々人の心的世界が構築されるといってよいでしょう。

「情」という漢字は漢和辞典によれば、「人にもとからそなわっている心の動きよう、欲を主とする感情の意。それを高めて、美的な感情、また、自分のことから他人のことをおしはかる同情の意となり、さらにひいて、味のあるおもむきの意となった」[10]とあります。それは、「情」が関係性を広げることによって、その意味を豊かに広げていく概念であるということでしょう。その点からすると、「情」の英語訳に emotion や feeling だけでなく、sentiment や kindness、そして guessing なども加える必要があるかもしれません。

遺伝子DNAの配列によって規定されたモノ的な個が、母親をはじめとしたいろいろな人々の情的刺激を受けることによって、潜在的であった自己の「情」（関係的刺激により潜在的であった本能が発現し、それぞれの刺激によって紡がれるシナプスとニューロンの回路網）を顕在化することで、地上で唯一の人間存在へと成長していけるわけです。もちろん、母親（養育者）が自分の産んだ赤ん坊に対して可愛いい、抱きしめたい、守り育ててやらねばといった「情」を湧出させ、慈しみと愛をもって子育てする時、少なくとも赤ん坊はその「情」を受けとめ、自らの内にその感触をとどめ、自己の「情」を形成するうえでの養分（心理学者ボウルヴィがいう愛着＝attachment の基盤となる）としていくことは当然でしょう[11]。

つまり母親らのそうした行為が、可愛がられる喜び、抱きしめられる安堵、守り育ててもらう安心、慈しみと愛に包まれる喜びといった「情」を、赤ん坊の脳に形成させるのです。当初は受身な機能しかもたないものの、そのような「情」を支えにしてこそ、子どもたちは「情」を大切にする能動的な生き方を身につけられるのであり、大人へと成長していけるのです。

また母親（父親）においても、赤ん坊という鍵（対象）の誕生によって母性（父性）といった潜在的な本能を起動させ、母親（父親）的「情」を湧出させるのであって、まさに「情」は相互的なのだ（対象としての赤ん坊の存在と、主体としての親の存在があって生まれる）といえます[12]。それゆえ、そうした「情」によって結ばれた子どもと母親（養育者）との関係性においてはじめて、相互がかけ替えのない存在（ことに子どもにとって）となるわけです。逆に豊かな「情」を注ぎ込むことのない母親（養育者）に育てられた赤ん坊が、豊かな「情」を育むとは考えられません。精神的に不安定であったり、ストレスなどで怒りっぽく、イライラを抱えたまま育児にあたる母親から、おおむね「情」の安定した子どもが育ちにくいといった統計的事実は、理由のないことではないでしょう[13]。

「情」は、人と人をつなぐ心の絆です、またそれと同時に、自己の自然的本性を感じ取る鍵であり、自然と連帯する接点でもあります。「情」は日常的に助け合いながら生きていく人間同士のために、自然が一人ひとりの人間に公平に与えた能力（共生しながら生きていく力）だといえます。それゆえ、家柄や貧富などの差によって「情」に差異は生じません、ただいかに豊かな「情」を紡ぎ出せるような育て方をされるかに、すべてはかかっております。そういう意味では「情」を育てる「情育」は、集団生活するうえで最も重要な教育だと位置づけることができます。ことに、人を差別したり、支配することよりも、仲間同士として共生し、協働しながら生きていくことを第一義とする日常生活者にとって「情育」は、絶対必要な教育だといえるでしょう。

第五節　情的世界と「情育」

「情」とはすでに述べましたように、「生きようとする意志」のもと、胎児期や乳幼児期において母親や父親といった日常生活世界に生きる養育者たちとのかかわりをとおして、脳で紡ぎ出される当該主体に固有な本能的心象だといえます。また、その後の成長過程にあってかかわる「他者」や「自然」との相互的な刺激をとおして、共感・共鳴といった回路を充実させることによって「情」は、自己と他者（自然）を柔らかく、温かくつなげる心の中核へと育っていきます。豊かな「情」は、生きようとする人間を孤立させることなく支え、人と人をつなぎ、自然の一部としてある自己を真摯に受けとめようとする自分を育てるといってよいでしょう。

脳の旧皮質にあたる大脳辺縁系や視床下部といった部位での怒る、喜ぶ、泣く、笑う、恐れる、嫌う、愛するというような情的心象は、乳幼児期での母親・父親らとの情的接触をとおして培われます。つまり心の扉を開けるべき人々との出会いによって、遺伝子的に決定されていたニューロンとシナプス間に当該主体固有の回路が紡がれ、それが機能しはじめ、またそこでのホルモン湧出度の差によって、各人に固有な情的特徴がセットされるといえます。この場合、遺伝的決定因子はもちろんとして、胎児期からの聴覚をはじめとしたいろいろな感覚器官が捉える情動が、個々人の

「情」の質を決める要素だといえましょう。[14] そういう意味では、「情」を育てる「情育」は、すでに胎児のころより、母親との間や母親がかかわる人的・自然的諸環境（日常生活世界）との間で、はじまっているといわざるをえません。[15]

子どもたちは、乳児期での親たちとの交流、幼児期での同世代や年長の子どもたちとの遊びなどをとおしてさらに、他者性と自己性にまつわる関係的な「情」を紡ぎ出します。また、これに音楽を聴いたり楽器を演奏したり、歌ったり踊ったり、絵を見たり描いたりして、自らの情的世界を広く深く開拓することによって、自己の情的世界を他者のそれと同期化させたり、他者への発信（または他者からの受信）を行いつつ、他者や自然に共鳴したり、共感する自分を確認していくのです。各人の生涯にわたる性向を決める情的世界の原型は、おそらく胎児期を加えての五、六年の間に構築されるのだといえましょう。

これまで我々は、子どもの情的世界は本能（遺伝）的に紡ぎ出されるものだから、その形成過程に省察を加える必要はないと思っておりました。しかし、あたり前と思っていた子どもの情的世界は、日常生活世界に生きる人々によって起動され、刷り込まれる構造になっていたのでした。集団構成員たちは、ことさらに意識することがなかったものの、代々子どもたちに日常生活者たるうえで習得すべき「情」を、乳幼児期以来の生活環境の中で身につけさせていたのです。

地域集団の中で子どもたちは、日常生活者たる母親・父親たち大人の情的な発言や行動を観察しながら育ち、自身の子育てにあっても一等優先されるのは、体得してきた情的世界をもって、子どもを育てることでした。それは、ヨーロッパ型の文明から隔絶しつつ、今も自分たち固有の生活文化を守っている世界各地の先住民族の生き方の諸類型から窺い知ることができます(16)。

現代にあっては、近代市民社会の一員（個人主義者）であることが何よりも重視され、日常生活者たる生き方は軽視されています（市民社会が、日常生活世界のうえにうまく接木されていないにもかかわらず）。さらに、富める人々ばかりでなく、競争社会で優位に生きたい個人（自分だけは高い地位や高給、安定した老後の保障をえたいという利己主義者）は、より商品価値の高い労働者になろうと（親の立場からは、子どもをそうした労働者にしたい）、より高い学歴を身につけるべく情的世界よりも功利的な「知育」中心の教育体系を社会に求め、支持してきました。もちろん、こうした貧富の差や知識の差をもって集団構成員の差別化を正当視する歴史過程は、定住型の農耕生活が定着したころよりはじまっていたといえます。

それはともかく、日常生活世界が蔑ろにされ、十分に機能しなくなっている現実を我々は深刻に受けとめてきませんでした、さらにいえば、「知」によってすべてがうまく統括できるといった思い込みがありました（将来的にもこの傾向はつづくでしょう）。今日、市場開放の名のもとに、グローバリズムが叫ばれております、それは、利己的な金銭欲が、醜く卑しい自分の姿を粉飾すべく、知識（小手先の理屈）という仮面をかぶって、子どもたちを知識の奴隷（実は富の奴隷）へと駆り立てることで、自分たちの欲望追求に貢献させようとする作為だといえます。そのことは、日常生活者として生きる意義をまったく顧みない未来へと我々を向かわしめることであり、またそれは、世界中の子どもたちの「情」をゆっくり、豊かに育てる道を閉ざすことでもあるのです。

人と人、人と自然をつなぐのは富や知識ではなく、「情」なのです。世界中の人々をつなげる媒体としてもっともふさわしいのは、富やそれに奉仕する知識ではなく、人の喜びや悲しみに共感できる「情」でしょう。本当の意味での人類の「知恵」とは、「情」を基盤にして人々をつなぎ、そのうえに個々人のさまざまな生き方を開花させる世界を構想し、その実現に向かうことではないでしょうか。

今まで見てきましたように、「情」を育てる「情育」は胎児期よりはじまります。そういう意味では母親と父親、そして彼らを取り囲む人々や自然といった環境（日常生活世界）は、「情育」の原点といえます。我々が「情育」を構想するうえでまず取り組まねばならない喫緊の課題は、母親の「情育」であり、父親のそれです、そして彼らを取り囲む人々に「情育」への理解と配慮を求めていくことです。これらを前提としてこそ、生まれてくる赤ん坊たちの「情育」が一般論として可能となるのです。

第六節　「情育」を成立させる環境基盤

我々は今まで、すべての子どもが生まれたことを喜び、生きることを楽しめる人生の基本的枠組みとして、「自然との共生および他者との協働の世界」（日常生活世界）の復権をめざすべく、日常生活者の育成を教育の根本にすえ、その育成の中核に「情」の教育をおく必要について述べてきました。それはすなわち、誰もが、幼児のころより巨大な分業体系の中に組み込まれるべく、「知育」中心の能力主義教育の洗礼を受けて、富を生み出す専門奴隷（歯車）として、その一生を特化することに疑問をもつとしても、実際には多くの人々はなす術なく現状を肯定してきたことに対して、教育をとおして日常生活者を育てれば、彼らによって現状にフィード・バックがかけられ、今日的状況の変革が可能だということを明らかにすることでもありました[17]。

「知」の体系を基盤にした能力主義や成果主義でもって人々を序列化する社会、その序列体系に子どもたちを組み込むことのみを考える親をはじめとした教育現場、またそうした体制を推進する行政や財界、このように社会総体が目先の評価（財を生み出す能力による人間の序列化）によってたがいを拘束し合う構造では、現状からの脱出口は見えてきません。それゆえ、この悪循環の回路を断ち切るには、行政でも、財界でも、市民社会でもなく、教育現場にある者自身が、率先してそのしがらみを断ち、日常生活世界を復権すべく、日常生活者を育成するのだという決断をする必要があるというわけです。

変革の基軸を教育におくのは、利害打算から現状維持を考える保守的な人々（行政家、企業家、市民）に期待するよりも、まだ地位や財産などの欲望に縛られることのない、新鮮な感性をもった子どもたちに未来を期待するのが一番いい方法だからです。幼い子どもたちは自らの教育（文化）環境を変える手段をもちませんから、当然教育現場にいる者たちが変革への序章を担うことになります。

そのため「情育」をめざす教育現場にいる大人たちには、能力主義や打算からの言辞や行動は当然に許されません。現状にあって現場にいる者とは、まず母親・父親およびその親族や地域住民をさし、つづいて保育現場で働く者および諸々の学校現場で働く者をさします。現状肯定的な教育行政（文部科学省・各教育委員会）に期待できないとするなら、母親・父親たちが自律的に自らを変えるとともに子どもたちを変えるのか、同様に親族や地域住民たちが自己改革とともに子どもたちを変えるのか、あるいは保育現場や学校現場で働く者が自律的に自己変革を図るとともに子どもたちを変えるのか、といった問いを設定しなければなりません。

この設問に答えることは非常に難しいものの、論理的には、母親・父親たちが最初の決断をしなければならないことは明白です、それも個々の母親・父親だけではなく一定地域の連帯、あるいは全国的な連帯が必要となります、もちろん、それが全世界的に広がればこれほどすばらしいことはありません。この連帯を核として、親族や地域住民たちがこれに加わり、さらに保育現場で働く者たちや学校現場で働く者たちがこれに参加するという図式になります。そして、日常生活者の育成を目標とするこの連帯が、教育行政（各地域の教育委員会など）や教育現場全体を変革するとき、現実を直視しつつも、自然との共生や仲間との共生・協働の枠組みとしての理想社会を構想できる子どもたちの育成が、確かな基盤のもとにはじまるといえましょう。

第三部　実践編

第六章　親たちと「情育」

第一節　親たちへの、そして親たちによる「情」の教育

「知育」中心の能力主義的な学校教育体系のもとで育てられ、実社会でも能力主義・成果主義の序列化の中で一生懸命生き抜いてきた者が結婚し、出産することで、別段親になる意味について深く考える暇もないまま、母性を意識し、父性を意識するというのが、今日の一般的な状況ではないでしょうか。少子化によってほとんどの子どもたちが、その成長過程で、多数の子どもを産み・育てる生活環境（多数の兄弟・姉妹がいる家庭や、近隣に多数の子どもたちがいる地域）の中にどっぷり浸りながら、子育ての現場を体験することは少ないでしょう。そしてまた、学校教育などの機関において、子育てするための実習が行われたり、育児の本質的意味（日常生活者の育成は家庭科教育に盛り込まれていない）を学習する機会をもつことも当然ありません。

たいがいの親にあっては、子どもを産み・育てる精神的な準備をすることもなく、受胎したとき

から本能的に母親的自覚（意識）をもつようになり、その告知を受けてから本能的に父親的自覚（意識）をもつようになるものの、育児についてはまったく自信のないままに（まして、日常生活者を育てることなど思いもつかないまま）、自分たちの親や近隣の知人たちの「知恵」をかりつつ、医者や保健機関などからの助言にしたがって、ぶっつけ本番ではじめるというのが実相です。

それは、生命体が次の生命体を産み、育てるという本能次元での子育ての過程に、集団的存在としての子どもの育成がほとんど同時進行で組み込まれている人間社会にあって、親は、資本主義社会または市民社会における社会的存在とはいかなる者か、またそうした社会と自律的に向かい合える個人は、いかにすれば育てられるのかを考える余裕がないのは当然としても、これまでのような子どもが日常生活者として生きていくうえで必要な情報の精選を行うこともできずに、自分が身につけてきたわずかな偏った情報および周囲の助言を、無批判に子どもにインプットしてしまっているというのが実情だということです。

それほどに現実において、子どもたちは、能力および成果を求めての競争に勝ち抜くことに忙しく、日常生活者として生きる意味を体得する機会もなく、また豊かな「情」を育む余裕もないままに大人になっているということです。つまり、日常生活者であることに無自覚な大人を育てることによって、日常生活者を育てることに無自覚な親をつくる構造になっているわけで、まずこの悪しき循環を断ち切る必要があるでしょう。それには親自身が親になる前に、十分な親（大人）としての自覚（情をとおして子どもを日常生活者に育てるのだという自覚）をもつという決断をすることが必要であり、そうした機会が親になる前の人々に与えられるべきなのです。

既述のように、日常生活者を育てるのだという伝承機能が生活世界にきちんと保持されていた時代にあっては、ことさらに親になるための教育など必要はなかったのです。しかし、日常生活者として生きることを蔑ろにし、社会組織内での役割だけで各人の社会的存在性を評価しようとする今日にあっては、子どもたちとの相互的な「情」を育む作業の重要さを、多くの大人たちに自覚させる必要があるといえます。子どもを産んだから社会的存在者として、それぞれが立派な（日常生活者を育てる知恵をもった）母親になれるとか、父親になれる時代ではもはやありません。なぜかといえば、彼らの多くは、日常生活者として生きる原体験をほとんどもたず、ただ分業社会での歯車となる術しかもたないゆえに、日常生活者はどのようにすれば育てられるのかを、知らないからです。

あえていえば、多くの者は、市民社会の意味や、その一員たる市民の自覚をもたなくても市民とみなされ、市民的権利と義務が付与される構造のもと、自分を市民だと思って生活しております。そういう曖昧な構造が堅持されてきたのは、社会がすべての子どもたちに対して、市民的自覚を求める訓練を幼児の時分よりしないからです。つまり、社会が人々に巨大な分業体系の歯車となることしか求めないから、子どもたちはより高く評価される歯車になる術だけを、身につけようとしてきたのです。それゆえ当然、彼（彼女）らの多くは、日常生活者になる術さえもつこともなく（ことに都市部で生まれ育った子どもたちにおいて）、また決して自ら自覚的に市民となる努力をすることもないのです。

このような目先のことだけしか考えない殺伐とした現状を変えるには、親になることの意味を理解して後に、親になるのだという意識変革が、第一の課題として、親になる予定の人々に求められることになります。まして、変革の中核を担うべき子育て中の母親や父親には、日常生活者を育てる親になるのだという意味の理解は不可欠です。

一　親になる意味

日常生活者を育てるためには、生まれてくる子どもに対して親（養育者）は、「生命体として生きる力をつけさせる」、「自然と共生できる日常生活者の〈情〉を紡ぎ出せるようにする」、「他者と共生・協働できる日常生活者としての〈情〉を紡ぎ出せるようにする」といった教育（子育て）上の基本課題の実践を行わねばなりません。しかしそれ以前に、世界を共生と協働の場にする日常生活者の育成を、自分が担っているのだという自覚をもつことが、まず必要でしょう。そして次に安定した意志をもち、のびやかで豊かな感性と、優しい「情」をもつ自分を見つけ出し、子どもと接する時にはそういう自分を示せるように訓練することがあげられます。もちろんこれらは、子どもを産み育てる者の基本姿勢であるわけですが、またそれは日常生活者として生きるうえでの常識でもあります。

世界的にみて、狩猟・採集を生活基盤とする人々の集団規模は小さく、また山村や漁村、そして離島に生活する人々のそれも同様です。なぜ小規模なのかといえば、それらの地域での食糧供給能力に限界があり、その制約を受けるからです。しかし、豊かな富を保障することのない地域での日常的な生活が、なぜ連綿とつづけられてきたのでしょうか。その主な理由は、後継者たちがそうした生活（衣・食・住の最低条件が満たされている）に不満をもつことなく祖先の生業を受け入れてきたからであり、歴史的に形成されてきた固有の生活規範や習俗などがそれぞれの生活空間にうまく適合していたからです。

どうしてこれまでの親たちは、保健医療機関や学校機関などがなくても、子どもを立派な日常生活者に育てあげる術を身につけえたのでしょうか。それは自分たちが成長する過程で、能動的であれ、受動的であれ、日常生活者たるに必要なさまざまな体験を日常生活世界にあって積み重ねてきたからです。遺伝的に身につけていたのでも、よそから知識として日常生活者たるに必要な情報が提供されたからでもありません。集団での成育過程で、当該集団固有の生活文化を意識的に、あるいは無意識の内に身につけてきただけのことです。

所与的な自然環境の中で、集団生活のルールを編み出したのは、群れ型動物たちの本能（環境が引き金となって本能が発現する）です。さまざまな動物たちの野生調査などから明らかなように、集団生活維持のルールは、生物的与件としての遺伝子と、環境的与件としての自然との相互行為のくり返しによって蓄積された情報から生み出されます[1]。これは人間にあっても同様で、親たちとの共同生活を契機として解発され、子どもたちの脳回路に保存されるようになっています[2]。

子どもは、母親や父親が生活する地域において育てられつつ、その身体を駆使しながら生命体としての生きる能力（本能）を身につけ、さらに環境としての自然や集団が与える「生きるための情報」を自己の本能回路に組み込んでいきます。こうして単純な生きようとする主体的意志が、環境によってさまざまに制御される中で、当該の生命体固有の「生きるための回路」をつくり出すのですが、そこには集団生活するうえでの文化（ルール）が炙り出されるようになっています。すなわち、ある一定の集団文化を溶け込ませている世界に生まれ育つと、子どもは乳児期の内にさまざまな文化情報を刷り込まれつつ、それらをまねるようになります。この過程のくり返しから、子どもは当該世界にある文化の基本的な法則性を敏感に感知し、習得するようになるのです[3]。

与件としての環境において、「情」がうまく紡がれるように助力するのが母親なり父親の役割です。生まれてすぐに親（養育者）がいなくて、遺伝情報だけを頼りに一人だけで自然環境の中で生き抜くことは人間の子どもには無理でしょう。ですから、集団に依存して生きる人間の子どもにとっては、まず親によって「情」の回路を起動してもらい、その「情」を交信媒体として、少しずつ自然や集団とのネットワークを広げていくのが一番よい方法だといえます。このように子どもに、広大な自然を親和的関係体としてなじませ、さらに集団世界に親しみを覚えるようにしてやるのが親の役割です。

群れ型の哺乳動物の親子と人間の親子との大きな違いは、集団への依存度の高低にあります、依存度の高い（養育期間の長い）人間にあって、自然や集団との円滑なかかわりを最初に取り次ぐのは既述のように親であり、伝達情報の質や量の選択はほとんど親に委ねられています。それゆえ、日常生活者を育てるという親としての基本姿勢は大切であり、そうした親の責任は、子どもが母胎の中にいる時から求められているのです。

胎児期にあっては、問答無用に集団の情報が母胎をとおして胎児に迫ります、当然その意味は理解できないにしても、直接的な外界からの振動や明かり、そして間接的な母親のさまざまなリアクションによる不安や興奮が早々と子どもの心を起動しはじめます。そのために母親は、異常な興奮やストレスを受けやすい場所を避け、集団からの利害打算や抑圧といった刺激を排除しつつ、胎児を自然や集団と優しく結びつけてやる配慮が必要といえます。(4) 次に、乳児期から少年期にかけての親の役割について少し確認しておきましょう。

この間の子どもは親の保護から離れて、自然の中や集団の中に自分から入り込み、行動範囲を広げていくため、親と子の時間的なかかわりは随分減っていきます。それだけに親は乳児期より、子どもが共生の場としての自然環境や協働の場としての集団環境になじめるように、「情」の回路をとおして一緒に行動し、日常生活者としての模範を示してやる必要があります。それらをベースとして子どもは、さらに自然や集団の中でのさまざまな感動や刺激といった体験を学習材料にして成長します。しかし、自分の心の内で整理がつかない疑問や不安について語る時には、親は丁寧に聞いてやり、子どものまだ敏感で柔らかい「情」が、傷つくことのないように和らげてやるべきでしょう。

幼児期でおこるいろいろな出来事にあって、子どもが強い衝撃を受けるような場面では、親はその時々の緩衝材的役割をはたすべきです。「情」をとおして子どもは、一番安心できる世界が親であることを確信しているのですから、親はその期待に応えねばなりません。そうでなければ、子どもは自分の「情」への自信を確立する機会をもつことなく、常に精神的に不安を抱えたままで、その後の人生にあって日常生活者として前向きに、かつ大胆に活動しにくくなるといえます。距離的にも、時間的にも親から離れる機会の多くなった幼児にとって親は、やはり最終的に帰り着く場所なのです。そのため親は、毅然として情的に優しく、子どもを見守ってやる必要があるといえます。しかし、児童・少年期に入った子どもに対する親のはたす役割は、極端に減少します、なぜならもうかなりの場面において彼らは、一人前らしくなっているからです。そういう意味では、大人になりつつある子どもたちにとって親は、仲間でもあるという要素をすでに多くもつようになっているといえます。しかし親は、子どもにとって仲間であると同時に、精神的な安堵の場でもありつづけ、自分の人生を設計していくうえでの手本（雛形）でもありますから、一人の先輩としてその生きざまを崩すことは許されません。

この時期の子どもに対して親は、どんなに苦しい状況におかれようとも、毅然として日常生活者たる姿勢を崩さず、貫きとおす責任があるといえます。そうした親の姿勢をみて、子どもたちは日常生活者として生きていく自信と誇りをもつことができるのです。もし親が、これまで積み重ねてきた日常生活者としての信頼を裏切って、利己主義や拝金主義へと転向するようになったなら、子どもたちは失望とともに日常生活者として生きていく核をもてなくなるでしょう。

それは「情」という繊細で傷つきやすい「心」に、大きなダメージを与えると同時に、親子の情的関係性に亀裂を生みます、そしてやっと子どもたちの心の中で、心象化されるようになったためざすべき日常生活者像を、霧散させてしまいます。この年齢になった子どもには、崩壊した確信（情をとおして築かれた生きることの確信）を再生するほどの柔軟性はありませんから、再び日常生活者像を心象化することは容易ではありません。逆に、日常生活者になることを諦め、失望から刹那的な生き方や能力主義的な生き方を選択するといってよいでしょう。それほどに、親であることの責任は重大です。

親が不動の姿勢を貫きとおすことで、子どもが自信をもてるようになっていれば、彼〈彼女〉らが青年期になるころには、親は頼もしい日常生活者の先輩と映り、確信をもって日常生活者としての生き方を踏襲することでしょう。そして青年期を終えるころには、本当の意味での日常生活世界を支え、現今社会の一元的な価値観にフィード・バックをかけられる日常生活者に成長しているはずです。以上見てきた親としての生き方が、あらい素描ではありますが、基本的な「親になる意味」だと考えてよいのではないでしょうか。

二　親たちへの「情育」

日常生活者を育てる意味を自覚しないまま、子どもを産み育てる多くの親にあっては、その時代の価値規範に依拠しながら子どもを教育するしかありませんから、子どもの意識は当然その集団の思惑を親を介して刷り込まれることになります。ですから、そうした子どもは「生きる」という意味の確信をもつことなく、当該社会の潮流にどっぷり浸かった行動をとるといえます。たとえば、歴史的事実において、軍事独裁国家であれば、子どもは兵士になることを当然とし、国家に奉仕すべく人を殺し、殺されるといった構図に何の疑問も感じないで成長するわけですし、宗教独裁国家であれば、特定宗教を至上価値として、異教徒を迫害することに違和感をもたない子どもが育つというようにです。

日常生活世界が社会生活の基本としてしっかり伝承されていた時代には、「情」の回路がうまく起動し、「情」が育つ構造になっていたゆえに、日常生活を破壊するような極端な価値観は排除されるようになっていました。人類が争いを嫌って、世界各地に分散しつつ生活の場を築いてきた事実は、それも極寒の地にあっても暮らすにいたった経過は、日常生活世界の価値観がいかなるものかをよく示しているといえるでしょう。ですから、日常生活において人々が「情」の大切さを教え、それぞれが自覚していた時代にあっては、「親」になる意味の自覚をわざわざ求めなくてもよかったのですが、今日はそうではありません。それゆえに、現状を打破するためには、親には「情」の回路を修復し、日常生活世界を再生するという使命が求められます。

では実際、子どもの誕生を前にして、子育てに自信をもてず、不安で戸惑い悩んでいる若い親たちに対して、誰が「情」の教育の大切さや意義を教えるのでしょうか。多くの若い親（ことに都市で生まれ、成長した者）たちは、「情」を第一義とする教育を受ける機会をもつことはありませんでした、そのため彼らは日常生活者意識が希薄だといえます。つまり、そうした「競争社会で勝ち抜くことだけが人生だ」と刷り込まれた人々に、あえて生まれてくる子どもたちのために、心機一転して「情」の教育の大切さを理解してもらおうというわけですから、その取り組みの段取りは生やさしいものではありません。

日常生活世界にまったく関心をもたずに生きてきた人々に、唐突に「情育」の大切さや、日常生活者として生きることの意義を説くことからはじめなければなりません。しかし、そういわれて批判的に自己の育てられた教育環境を顧みて、本質的な教育の意義を理解し、自分の育てられた教育環境を自覚的に変革できる人が何人いるでしょうか。やはり変革への期待としては、親でなかった者が親となるその瞬間（子どもを産み育てる責任意識への目覚め）における自覚や反省に、まず期待せねばならないでしょう。そういう意味では常に、「情育」や日常生活者育成の意義を知ることのできる機会が、数多くの親となる人々のまわりに広められている必要があります。

そうした人々（親たち）への「情育」を担うのには、親となる者の親たちがもっとも適任なのですが、そういった理由だけで保守的になってしまった人々に、「情育」を担うべく自覚的に自己変革を求めることは容易ではありません。やはり、現状の社会環境なり、教育環境に疑問をもつさまざまな親や、その親の親たち、さらには近隣住民たちに、「情育」（日常生活者育成）への取り組みを期待するのが、変革への歩みとしては順当でしょう。

一人前の年齢に達した人たちに「情」の大切さを説く時、現状肯定型の人々であれば見向きもしない主張であっても、現状に疑念を抱く人々はその意義をすぐに理解するでしょう。まして、日常生活者として生きることの大切さはさらによく理解されるはずです。なぜならそれは、一部の支配層が歴史的につくりあげてきた分業体系の認知のような、小手先の理屈で人々に承認を迫るといった類の認識ではなく、生命体として生まれた人間すべてが潜在的に身につけている生き方であり、日常生活世界に生きてきた人々によって豊かに花開かれてきた生活の原型（共生の場）だからです。それはすなわち、自然と人をつなぎ、人と人をつなぐ群れ型動物としての人間の本質的な生き方だからであって、経済的利害や政治的打算が絡む複雑な作為の積み重ねがないからです。

親たちへの「情育」も当然に作為的であってはならないといえます、人と人の接触にあっては、生きる者同士としての共感が第一義にくるという姿勢を各人が貫けば、人々の心に「情」が芽生え、情的世界が親たちに湧出するようになるはずです。結局それは、余計なフィルターで曇らされている生命力を甦らせればよいということですし、最低限我々がそうした環境づくりに取り組めば、親たちの自覚が醸成されてくるということです。後は、「情育」の正当性や、日常生活世界を再生させる意義は理屈で容易に理解できるでしょう。親となる者に対して、その「責任」と「自覚」をどのようにして喚起するかが、親への「情育」にあって最大の課題だといえます。

これらを少し整理すると、①親が自ら自覚的に「情」の教育の意義を理解すること、②親の親が「情」の教育の意義を理解し、親となる自分の娘や息子たちにその意義を伝えること、③近隣住民たちが日常生活者の生き方を支援する環境づくりに取り組むこと、となります。これら三つの要件は、親が生まれてくる子どもに「情」を中核とするコミュニケーションの回路を開くうえで、不可欠な要素だといえます。しかし最低限の端緒的変革の要件を選ぶとすれば、①の親自身の自覚的取り組みをあげることになるでしょう。ここから、すべてがはじまるといっても間違いはないはずです。ただ、子育てや、自分の生き方に不安をもつ親たちを支える支援グループの必要性は、述べるまでもありません。

三　親たちによる「情」の教育

親になる自覚をもって親となる者は現実的にはそう多くはなく、またほとんどの者は、近代市民社会における市民的自覚や個人主義の意味を理解しないまま成人しているのが実態です。まして、そのような人々に「情」による日常生活者の育成を期待することは、無謀ともいえます。確かに一旦は、個人主義の意味を「知」の回路をとおして理解し、そのうえで、「情」を育てる意義を認識しているに越したことはありません、しかしそれは決して必要条件ではありません。やはり、親となり、子育てするにおいて必要なことは、自らの「情」を信じ、「情」をとおした子育てをし、子どもの「情」を自分たちがもっている以上に豊かに育んでいくのだという決断をすることでしょう。この迷うことのない信念さえあれば、親になるまでの経過は問題ではありません。

そういう意味で、親は子どもが生まれる前より、日常生活者としての生き方を承知し、自ら引き受ける決断をしていなければならない、といえます。その引き受けにおいてこそ、自分と他者とが「情」においてつながり、日常生活世界に生きる人間同士の「情」というものを感知し、発見できるのです。そして、そのような体験に裏打ちされた「情」をもって、子どもの育児にあたるべきなのです。母親は妊娠中より自らの「情」の安定を図り、胎児の「情」が豊かに起動するように配慮し、父親はその協力をする、これが出産にいたるまでの親たる者のとるべき姿勢です。出産後は温かい愛情を込めたスキンシップやコトバをとおして、親子がふれ合う機会を多くもつように努め、子どもの情的安定を育んでいくことが大切です。

また乳・幼児期にあって、毎年のごとく子どもを四季折々の自然環境の中へ連れて遊ばせ、自然の空気・風・音・光・景色・香り・匂いなどを身体全体で浴び、感じさせ、生命体として生きることの歓びと充実感をその一生の原体験として味わわせてやることは、親の絶対的義務といってよいでしょう。生きることとは、そうした環境の全体の中においてこそあり、一部だけを、それも擬似的に特化してコトたれりとする環境（商業施設や遊園地など）の中にはないのです。

朝の太陽の眩しいばかりの輝きから、小鳥たちのさえずり、オレンジ色に染まった雲の流れ、川面や山々に流れる清々しい風や風音、大地の温もりと匂い、木々の葉音や草花の香り、川や海の水の温もりや冷たさおよび波音、また冬の天空に煌く無数の星たち、雪が降り積もる墨絵のような景色とその寒さ、春を告げる雪融け後の青々とした草花の匂い、そして一面に広がる色とりどりの花々とその蜜を求める虫たちの羽音、梅雨の日々の憂鬱とそこに垣間見られる植物や昆虫たちの生命の発芽と躍動、夏のギラギラ照りつける太陽と吸い込まれるような無窮の青空、秋の山々で見られる紅や黄に染まる木々の輝き、そうしたさまざまに変化する自然の諸相を乳幼児期に親の愛に見守られ体験することは、「自分の生きる足場がどこにあり、何であるのか」をしっかりと心の奥底に刻みつけることになるはずです。

「自然とは何か」を言語的に説明されるまでもなく、また自然についてコトバでうまく語れなくても、自然を感じ、知っている自分があればそれで十分なのです。また、幼児期・少年少女期に昆虫・魚・犬や猫などといった生き物たちと戯れたりしながら、その生態の実相(生命活動における誕生・成長・生殖・死といったプロセス)を生き物同士として見定めたり、植物の生育・開花・枯死といったプロセスを播種や花摘み、果実を摘んで食べたりといった体験を親とともにやることで、「自然とは何か」を感得することも同様です。

このようにさまざまな体験をとおして、「自然を介して生きる生命体」としての自分の存在を確信できるのです。そして、自然と自分のつながりの窓口が「情」だということも、知るのです。親自身が積極的に子どもとともに自然の中で遊び、自然と一体となる瞬間の至福感を子どもに味わえるようにしてやることが、親の大切な役割だといえましょう。自然の中にあってこそ自分が存在するという「情」（言語的理性のフィルターをとおらない）が育っていれば、自然を利害打算の道具として破壊することを、正当だと主張するような発想は生まれないはずです。

また親は、子どもたちに自然への「情」を紡ぎ出せるようにすることと同時に、他の子どもや大人たちとの「情」の回路を紡ぎ出せるようにすることにも、積極的にかかわる必要があります。ただその場合、親などの大人たちは、話すコトバやその内容、また仕草や行動などに既存文化のさまざまな差別性や問題性を同居させておりますから、常に反省の意識をもって、可能なかぎり自らの決断において、「情」を第一義におく言動をするよう努める必要があります。

親が自覚的に、日常生活世界を軽視しようとする当該社会の文化の衣を剝ぎ取ろうとすることは、日常生活世界を復権させるためには、絶対に必要な一歩だといってよいでしょう。もちろんこの時、社会的存在者としての矛盾やまわりの人々からの非難に、苦しむことがあるかも知れません。けれども毅然として、自分の信念にしたがって進むべきです。親の姿勢を子どもはよく観察しておりますから、苦しくとも「情」を育むことに留意するかぎり、子どもたちはおおむね親の期待を裏切ることはなく、他者とかかわる場面にあっては「情」をもって接するでしょう、しかも親のコトバ使いや態度をまねて接するのです。

いろいろな人とのかかわりの場面へ子どもを連れていき、そこで親は素直に自分の「情」を発露し、子どもにその「情」と同期させ、共鳴できるように訓練してやる必要があります、それも他者を大切にし、連帯できる「情」の信号に留意してです。決して、日常生活世界を否定するような発言や行動をしないように、心配りすることも大切です、なぜなら乳幼児期での彼らの情報収集アンテナは、身のまわりの情報を漏らさずキャッチできるほどに敏感にできているからです。親を手本として、その集団的存在性を身につける性向を、子どもが本能的にもっているかぎり、どこまでも模範たる役割をはたさねばならない、それが現今社会を変革する（再生させる）基軸的存在としての親の責務といえましょう。

第二節　親族および地域住民による日常生活者育成への支援

子どもたちの親を育んだのは、その親（祖父母）やそれにかかわる血縁の親族たちであり、また彼らが乳幼児期に育った地域に住む人々です。それらの人々が人と人、人と自然との情的連帯を大切にしていれば、子どもたちは、豊かな慈しみの心をもつ日常生活者となっているはずです。それとは反対に親たちが、情的連帯を顧みることもなく、他者との競争に勝ち抜き、劣位にある者を差別（蔑視）し、虐げることは仕方のないことであり、自己の利益のためなら、あるいは国家のためなら、いかなる殺戮や自然破壊も仕方のないことだといった発言（行動）をしていたのなら、おそらくその子どもたちが「情」の教育の意義を理解するのは、非常に難しいことだといえましょう。

それはともかく、親が「情育」（日常生活者の育成）の大切さを認め、そうした子育てを自覚的に決断することが可能であるのなら、親族たちの自覚も可能だし、地域住民の自覚だって可能です。ですから、決断した親たちを孤立させることなく、助力する親族集団や地縁集団といった支援グループの結成は絶対に必要であり、求められます。

利己的な能力至上主義や利益至上主義に毒された時代状況にあっても、「日常生活世界」の意義を見い出して、「情」を育てようと決断した親たち同士の連帯の輪が、日本国内にあって点々とした小さなものであっても、広げられるのなら、親の親たちの自覚的決断とその連帯の輪だって広げられるでしょうし、地域にあっても同様でしょう。それは日本国内といった小さな単位にとどまることなく、世界的に広がることも当然期待すべきでしょう。なぜなら、それは政治的イデオロギーでも、宗教的信条でもなく、ただ地球上に生まれた子どもたちがたがいに仲良く協力しながら、自然と共生しつつ生きるというあたり前の人類文化の復権を、主張しているだけなのですから。

自覚的な一人ひとりの親族や地域住民たち自身が、発言においても、行動においても「情」を大切にし、また子どもたち一人ひとりに対しても「情」の大切さを説き、子どもたちの自然や他者への慈しみにあふれた言動の一つひとつに対しても、常に褒め、賞賛することは必要です。そして、心優しい子どもたちが自信と誇りをもって成長していけるように、親たちとともに「情」で結ばれる日常生活世界づくりに取り組めば、子どもたちは安心して、のびのびと育ち、仲間をふやしていくでしょう。そのような地道な活動のくり返しから、血縁・地縁の支援基盤が広がっていくのです。

支援基盤を構成する地域住民たちが取り組むべき課題は、子どもたち一人ひとりが生命体としてたくましく生きていく環境づくりを第一とすること、そして集団（社会）的存在として子どもたち一人ひとりが、たがいに仲良く協力し合いながら生きていく環境づくりを第二とすることであって、そのほかの目的を介在させるべきではありません。すでに述べた「情」の育成と、日常生活者として生きていける支援をすればよいのであって、後は子どもたち自身が大人になった時に、またそのような行動をとって子育て支援をしますから、決して急ぐことなく、世代を越えた支援活動の広がりに我々は期待すべきでしょう。

第三節　個と集団のかかわり

今まで、親としての「情育」、そして血縁・地縁集団による支援について見てきたわけですが、制度的機関としての保育現場および学校での「情育」に言及する前に、自由を基軸とした親子と集団の関係的意味を少し整理しておきたく思います。なぜなら、人間の生きる根本的紐帯を「情」に求める本論にあっては、生きるための枠組みの関係性を明確にしておく必要があるからです。つまり、集団的存在としての自由と生命体的存在としての自由は同じではなく、相違するという認識が絶対に必要だということです。

狩猟・採集生活では、一定の活動範囲にあって収穫できる食糧は、地理的な条件により若干の差異はあるものの、大きく限界づけられております。ですから人口増加にともない、それぞれの土地の食糧供給力に限界がくると、おのおのの地域に生きる人々は残留組と離脱組にわかれ、後者の人々は新たな生活基盤を求めて、帰属していた「群れ」（家族・家族団）を離れます。(5) このかぎりない「帰属」と「離脱」のくり返しが、人類の生命体としての、そして集団的存在としての、ごくあたり前の日常の生活実態でした。どちらにしても、それぞれの集団にあって、個々人（子どもたち）には生命体として「生きる自由」があり、親や家族団（親たち）は、そうした自由を実現させるための役割（生命体を生かすための絶対的関係性）を担っていたにすぎません。もちろん、各個体は集団を離脱する場合、その自由の代償として、集団が保障する手厚い生活の安定と安全は期待できませんでした。

いずれにしても原初的には、生活できる許容限度を契機として、人々は集団を「離脱」しつづけるわけで、「拡散型の棲み分け」原理が成立する土地（食糧供給域）があるかぎり、人々の生活域は平面的に拡散していき、各々の家族は自分たちの「生きる自由」を求めて生活できたはずです。しかし、その許容が限界に達した時（恵まれた狩猟・採集域または遊牧域の供給限界と、定住型農耕のはじまりによる大集落形成の時期）、人々のそれまでの「拡散型の棲み分け原理」は終息をはじめ、新たな「集合型の棲み分け原理」を模索する歴史がはじまったといってよいでしょう。

相互の家族が不具合を感じればいつでも離脱できたものが、離脱できずに拘束される集団（社会）生活のはじまりです、しかしそこには集合することの喜びと安心も同時にあったことは間違いないでしょう。これまでの「社会論」では、組織論を措定するゆえか、離脱を前提とする議論は避けられてきましたが、それは人間を社会的存在としてのみ捉えてきた限界によります。しかしながら集団的存在としてばかりでなく、生命体として自由に生きていくことが、集合型の生活には求められるべきでした。

すでに何度もふれましたように、人間は生命体的存在であり、かつまた集団的存在であるものの、存在の基体は生命体的存性にあるのであって、決して集団的存在性に生命体的存在性が包含されるものではないのです（この逆転劇の見本が古代ギリシアのスパルタで行われていた集団的に不適格とされた赤ん坊の谷底への遺棄です）。よって、集団的存在の名のもとでの制度的機関による生命体的自由の侵害は許されません、もし侵害の事態が予見される場合は、生命体的存在の名のもと、個々人は集団（社会）をいつでも離脱できるのだということを（原則として）、確認しておく必要があります（生きることが第一義であるかぎり）。

日常生活世界にあっては、子どもと親、あるいは家族や家族団、またそれらとつながる血縁・地縁の人々は相互が「生きる自由」のために関係体を築きますので、相互には連帯するうえでの違和感がありません、それは相互が、「情」（たがいを慈しみ合い、助け合う心）でつながっているからです。しかし、支配と被支配の関係性が社会組織に取り込まれて以後、行政（制度的）機関と個々人が、「情」でつながっていたことは一度もありません、我々はまだそれらをつなげる「知恵」を残念ながらもっていないのです。

ですから、ホッブス、ルソー、カントなどの近代思想家たちは、個と個をつなげる原理を模索したのです。それが、自律的な合理的判断能力をもった人格的個を完成させることであり、それらの個（個人）による契約で成り立つ民主主義社会の構想であったわけです。すべての人が所与的に高邁な理性（一般意志）をもっているゆえに、教育によってそれを磨き出せば、個と個を理性（一般意志）によってつなぐことができると夢見たのでした。それゆえ現代においても、その主旨は、基本的には継承されております（残念ながら近年は、人格の完成をうたう教育基本法の意義さえも軽視されてきております）。

しかしながら、我々はもはや近代の思想が、日常生活世界という具体的な生活基盤をその社会論の基礎にすえないかぎり、ただの観念（幻想）でしかないことを理解しております。それゆえ我々は、理性には人と人をつなげる能力はなく、「情」によってこそ人と人がつながるのだとして、日常生活世界の復権の意義を述べてきたわけです。(6) 人類の文化はいまもって「集合型の棲み分け原理」を見つけ出せておりませんが、日常生活世界の復権への取り組みをとおして、いつか日常生活者の「知恵」と個人の知性（理性）が、「生命体として生きる自由」と「集団的存在として生きる自由」を調和（止揚）させる棲み分け原理を見つけ出すだろうことに、期待したいものです。

第七章　保育現場での「情」の教育と「知恵」の教育

第一節　保育現場でめざされるべきこと

我々は保育現場というと保育所をすぐに思い浮かべますが、ここでは保育という視座のもとで、幼稚園も含めて考えたく思っております。保育現場とは、親もとだけでの子育てから、集団生活という場での子育てが加わる時期だといえます。古代ギリシア、ことにスパルタでは三歳からの集団生活は、市民たる自覚と責任をたたき込むうえで、重要な時期とされておりました。幼稚園を最初に構想したといわれているプラトンは、「三歳、四歳、五歳、さらに六歳までは、性格の形成のために遊びが必要になります。……遊びというものは法律の制定にとってすこぶる重大な影響を持ち、制定された法律が永続性を持つか否かを決定するものだ」と、述べております。[1]これなどは明らかに、集団の規律に子どもを順応させることが養育の目的だというもので、子どもが生まれた意味を問うことなどは端から回避されておりますが、後期の子育てのあるべき方向の一つを示しているとはいえます。

「生きる」こととは、生まれた地域の自然環境や、親をはじめとした人的環境において、自然と共生し、仲間と共生しながら人生を楽しむことであって、規律を身につけるために生きるのではありません。もちろん、歌を歌うのも、舞踏をやるのも仲間同士の連帯の歓びであり、人生の楽しみであって、子どもを規律や規範になじめるようにするための手段であってはなりません。しかしながら、プラトンが述べているように現実の保育現場で、唱歌を歌い、舞踏をやるのは、社会の規律などに順応しやすい「知」をつくるための初期化作業の一つだといえます。

今日の保育所（幼稚園）では、子育てに対する親（養育者）の思惑と、社会（国家、企業など）の思惑のズレが子どもたちを直撃します。たとえば、保育現場にやってくる子どもの中には、親もとでのんびりと暮らしてきたために、厳しく規律を押しつける集団生活になじめない子がいます。そうした子どもは、入所（園）早々その内面に葛藤をおこし、登所（園）を嫌がります、親は子どもが集団（規律）になじめないことを悩み、無理にでも登所（園）させるべきかを、さらに悩みつつも、仕事をもつ親は、子どもを無理にでも保育所へ預けることになります。そうこうする内に、子どもが、うまく集団（規律）になじむ場合もあれば、なじめないまま小学校への入学時期を迎えてしまう場合もある、といったところが現実でしょう。

実際の保育現場が、「情」を育み、心の安定を図る場であるというよりも、競争社会に適応し、勝ち抜くことが正当だという価値観を学ぶ場になっているため、常に他人の視線を気にして、せかせかとした落ち着きのない子どもを生み出すようになっているといえます。そうした子どもたちの中には、心の中核を形成できないため、自分の生きることへの自信や安堵感がもてないまま、成人していく場合があります。やはり保育の場にあっては、小賢しい「知恵」を身につけるよりも、慈しみに溢れた温かな「情」の育成に多くの時間と、エネルギーが注がれるべきなのです。そうすれば、子どもたちは生きる自信と安心感をもてるはずです。

ここ近年、欧米の幼児教育学や発達心理学などの成果をもとに、集団（規律）になじめない子どもたちへの対応策が、さまざまに検討されております。しかし、なじめない子どもの数が増えこそすれ、減少しているとは思われません。なぜそうなのかといえば、それは学者や現場職員たちの頭の中に、集団（規律）になじめることを当然（正常）とし、なじめないことを問題（異常）だとする固定観念が、まだまだ支配しているからです。集団（規律）になじめるようにすることが保育の目的ではなく、自然と共生し、仲間と助け合う豊かな「情」を紡ぎ出すことが保育の目的であるべきです。なじめない子どもの多くは、生きる自信と安堵感をもてないにもかかわらず、規律（集団）になじむように強制されるのを嫌がっているのです、彼らは規律よりもまず「情」の教育（心の安定）を求めているのだといえましょう。

集団（規律）になじめるというのは、子どもたちにあって、集団文化を受け入れる「知恵」が働きだしているからです。集団（規律）になじめないのは、そうした子どもにあっては、そのような「知恵」の起動よりも、「情」のネットワーク構築の方が先決だということでしょう。おそらく、情的に安定している子どもは、そうした「知恵」の起動がうまくいくのに対して、そうでない子どもは、「情」の安定を欠いたままでの、「知恵」の起動を拒否しているのだと考えられます。やはり、生きることへの自信を育てる「情」の教育、その「情」をとおして生まれる「知恵」の育成こそが、我々のめざすべき最も大切な保育現場での教育ではないでしょうか。

遺伝子によってつくられる「情」の回路（物理的原型としての脳）と、感覚器官を介して外界と接触することによって構築される「情」の回路（本能の開示によって成長する脳）をベースとして、各人に固有な「情」（脳のさまざまな部位の総合化によって形成される心象世界）が生み出されます。この「情」がより安全で、より楽しい行動形態を選択しようとする時、起動するのが原初的な「知恵」だといってよいでしょう。それは、与えられた環境のもとで、生命体としての自分を安全に、快適に生きのびさせる術だといえます、すなわち、自分を生かすための食糧獲得や、外敵の識別（逃避）といった情報集積と適応行動を身につけさせる術のことです。さらに、この「知恵」は、情報の集積や適応行動をとおして、自分に固有な認識のパターン化をする術を身につけ、それらをカテゴリー化したり、類推化するといった術を装備することによって、単純かつ具体的であった「知恵」を抽象化（自己展開）させる力能をもてるように自らを成長させます。

親たちが伝える文化という多彩な情報には、個々人をともに生きる仲間として捉える情報もあれば、個々人を「支配する者」と「支配される者」という上下関係で差別的に捉える情報も含まれております。当然、子どもたちはこれらをまねて、身につけるわけですが、差別的情報を避けて親和的な情報だけを身につけさせようとしても、大人たち全員が子どもの前で一切の差別的言動（態度）をしないのなら別ですが、実際問題としてすべての大人に差別的言動を避けさせることは容易ではないでしょう。もっとも保育現場で、そのような言動が許されないのは当然です。しかし今日なお、大人の「知恵」（理性）で大人自身に染みついた差別の意識（他者の苦しみや哀しみをくみ取れない情の麻痺状態）をコントロールできない以上、大人に期待はできません。(2)

それはともかく、保育現場においてめざされるべきは、親もとで育まれた自然と共生する「情」や、他者に共感し、共鳴する「情」を、生きるための「知恵」や、集団生活するための「知恵」へとつなげる教育です。自然や他者を慈しむ「情」を大切にし、そうした「情」を生かす「知恵」が、親もとで育てられはじめていれば、これを引き継ぐのが保育現場の仕事です。もしこれが親もとで育っていなければ、そうした子の「情」の発育状態を確かめて、「情」の教育を特別に行う必要があります。自然や仲間と共生するための「知恵」を引き出す教育も、別途、そうした子どもたちに向けて行われるべきは当然です。

しかし決して、「知恵」の育成だけが求められてはなりませんし、「情」が育っても、そこから「知恵」へとつながらないからといって、その子を責めてはなりません。「情」を育てることが、何にもまして重要だからです。自然や仲間を慈しむ「情」を、重んじられて育った子どもたちの温かな「情」は、社会における差別や争いを無意味化するでしょうし、そうした「情」に支えられた「知恵」は、差別や争いを地上からなくすように働くはずです。それゆえ、保育現場にあっては、集団の規律や規範になじむ「知恵」の育成を先行させてはなりません、常に温かな慈しみに溢れた「情」を育むことが第一であり、それを生かす「知恵」の育成が第二にくるのです。

第二節　保育現場の役割

これまでたいていの親は、自分たちの子どもが、仲間とともにすこやかに育ってくれることを願い、そして孫たちにも同様のことを願いつつ、子育てをしてきました。それは、たがいの子孫たちが、幾世代にもわたって、平和に、楽しく生活するための基礎だからです。そうした優しさを継承するために人々は、子育てのルールをつくりました。そのルールとは、人の命を至上価値とすることです。それは、あたり前といえばあたり前のことですが、しかしそれこそが人類共通の、もっとも大切な「知恵」だといえるでしょう。それが個々人に求めるのは、「たがいに仲良く生きてもらいたい」ということだけで、決してそれ以外の要請をすることはありません。

おたがいが助け合い、ともに生きるために集団を形成しているのですから、そこにあるルールは強制ではありません。人々は、利己的な利害打算からではなく、誰の子であれ、元気に生きてくれることを願って、たがいの子どもたちの成長を温かく見守ってきただけです。つまり、これまでの子どもたちが、大人の慈しみに溢れた「情」を、自分たちが生きていくうえでの「心の糧」としてきたゆえに、一人前となって後も当然のごとく、そうした「情」を継承して、日常生活世界を支えることに違和感をもたないでこれたのだといえます。それゆえ、こうした「情」に基づく子育てのルールが、保育現場での教育の基本原則とされるべきなのです。

親たちの温かい「情」に支えられた子どもたちは、その成長において、少しずつ親や血縁・地縁の大人たちがもつ日常生活者としての「知恵」を、「生きる」ためにまねて、自分のものにしようとします。こうして「情」に裏づけられた自己学習力（知恵の回路）が、それぞれの子どもたちにあって、起動しはじめるわけです。それは、子どもが、親たちの言動を疑うことなく信じ、彼らに気に入られ、可愛がられたくて、親たちの動作やコトバをまね、まねの中から、自分がまねている世界のさまざまなコード（コトバ・生活習慣・規範など）を身につけ、そこに貫流する規則性をも、「生きるための知恵」として習得するからです。

ただこれまでの幼児教育が、一部の大人の欲望に従順な道具（手段）となるための教育であったの対して、ここでの幼児教育は、人類に普遍的な「共生の世界」を継承するための教育だという点に違いがあります。もっとも、子どものそうした従順さを大人の欲望のために利用することは、許されるべきではないでしょうが。それはともかくとして、長閑であった乳幼児期での学習の後に、広い集団生活にもなじめるようにという親の配慮によって、あるいは親の仕事の都合などによって、子どもたちは、保育現場（保育所・幼稚園）にやってきて、新しい生活をはじめるというわけです。

日常生活者の育成を決断した親のもとで身につけた「情」と「知恵」をもって、年齢の違う子どもたちが保育の場にやってきますから、保育現場で指導する者には、そのような子どもたちの「情」や「知恵」を真摯に受け止め、親たちと連携し合いながら子育てするのだ、という自覚がまず求められます。せっかく親たちが豊かな「情」を育て、そこから子どもたちの本質的な「知恵」が育ってきたところで、保育現場にあって、「情」が傷つけられたり、「知恵」がゆがめられては何にもなりません。そんなことがおこるなら、親たちは、保育機関に子どもを託さないで、自分たちで子育てをするでしょう。

そういう意味において保育機関は、常に親たちの意思を生かすべく、親をはじめとした地域住民たちによって、運営されるべきです。またそこで働く教職員には、日常生活者にとっての「情」や「知恵」とは、「何であるのか」といった問いに、応えられるためのトレーニングが求められます。当面は、親たちが主導権をもって、当該機関の教職員たちへの自覚を求めつつ、教職員たちとともに日常生活者育成のための学習プラン作成に取り組む必要があります。もちろん、軌道にのせるためには、少しずつ、どのような保育現場にするのか、またどのような資格や基準で指導教員となるのかを、地域住民たちの合議機関（教育委員会など）が中心となって、現場の意思を尊重しながら決めるべきでしょう。

いずれにしても、保育現場での教育に携わる教員には、当面の要請として、「情」の教育の意義を学び、自らが日常生活者として生きる能力を身につけられるような訓練が求められます、そのためにはそうした場が、つまり教員養成機関が、それぞれの地域に設けられるべきでしょう。そうした場で日常生活者としての実践力を身につけた教員たちが、保育の現場にもどり、保護者や地域住民の支援を受けながら、子どもたちの教育に取り組みはじめれば、その二世代後あたりで、日常生活者育成のための運営母体なり、保育指針が明確になってくるはずです。またそのころには、指導教員となるための資格基準なども定まり、親、地域、教員といった三者の協力によって、日常生活者の育成は軌道にのるでしょう。

第三節　保育現場における「情」と「知恵」の教育

日本では、保育所は『保育所保育指針』(厚生労働省の管轄)に、また幼稚園は『幼稚園教育要領』(文部科学省の管轄)にしたがって運営されております。ことに前者の［保育の目標］で、「子どもは豊かに伸びていく可能性をそのうちに秘めている。その子どもが、現在を最もよく生き、望ましい未来をつくり出す力の基礎を培うことが保育の目標である」とし、「エ、自然や社会の事象についての興味や関心を育て、それらに対する豊かな心情や思考力の基礎を培うこと。オ、生活の中で、言葉への興味や関心を育て、喜んで話したり、聞いたりする態度や豊かな言葉を養うこと。カ、様々な体験を通して、豊かな感性を育て、創造性の芽生えを培うこと(3)」といった、保育のめざすべき方向が示されています。それは、『幼稚園教育要領』でもおおむね同じ内容です。

これらを読むと、乳幼児期で「情」を育てることの大切さが、幼児教育学や発達心理学の世界では当然のごとく認識されていたのに、なぜ現実の保育現場ではそのような子育てが行われてこなかったのか、不思議です。それはなぜでしょうか。その理由として、実際の保育施設には、それら諸項目を実践できるだけのスタッフや設備、および機能がさまざまな理由で備わっていなかった、ということが考えられます。

しかし、それ以上に根本的な問題として指針には、興味・関心・心情・感性といったコトバが使われていても、どのような生活基盤のうえにそれらの心を育てるのかが、まったく不明です。おそらくそれらを執筆した人たちは、「具体的な生活基盤をもたない子ども」(純粋培養的な個)の育成を、念頭においていたのだと思われます。しかし、日常生活世界といった具体的な生活基盤があってこそ、具体性をもった感性や思考力が育つのだというあたり前の視座を彼らは、その執筆にあたって明確にしておくべきだったといえます(執筆者個々がそうした常識をもっていたのだろうか、といった疑問が残ります)。

いずれにしても、そこには「情」を育てる基盤への配慮が抜け落ちておりました。またさらに、「生命体の育成」と「集団的(社会的)存在の育成」に対する理解が不足していましたし、「情」とのかかわりにおいて、どのような「知恵」を育てるべきかといった視点も未整理でした。表現を変えれば、乳幼児期の保育において、子どもたちは将来どのような生活者になるべきか、といった展望が全く欠如していたということです。

要は、最初から子どもたちが独立自存の「個人」になるのだと決めてかかり、当該社会の浮薄な価値観をインプットするための初期化が、保育機関の使命だとするような誤解をもっていたということです(自律的な日常生活者の育成など論外だったのでしょう)。もっとも、国家機関が要請してつくらせた「目標」ですから[4]、当然といえばそのとおりですが、しかしそれは、学問的姿勢の限界のように思われます(研究対象たる人間を、全体的視野のもとに捉えることができないという視野の狭隘さという限界です)。

それはともかく、保育現場においてめざされるべき教育目標は、日常生活者たる存在性の基盤を育てることです。それも基本的には、家庭において育まれた「情」と「知恵」を、さらに豊かに育成するということです。ただ、親もとにおいて、慈しみに溢れた「情」や、仲間と共生するための「知恵」が十分に育っていなければ、別途そうした子ども向けの教育メニューを設定すべきですが、いずれにしても、保育現場での子育ては、可能なかぎり二歳より六歳くらいまでとし、家庭の都合で早期の保育が求められる場合には、「情」の育成に十分な配慮をもって零歳よりの保育も設定されるべきでしょう。

幼い子どもたちへの「情育」には、海や川や山といったいろいろな自然環境のもとで、仲間とともに遊ぶことや、農業、漁業、林業といった生業の現場で、生活体験をすることなどが必要です。さまざまな自然の中での観察や、仲間との遊びは、自然の運動法則性なり、因果性を肌で感じたり、仲間との共生や共感といった実践的交わりを介して、さまざまな「情」を共有する機会をもつことになります。また、いろいろな生業現場での生活は、生きることの原点を大人や仲間たちとともに体験でき、人間はたがいに助け合い、協働する存在だという連帯の意味を実践を介して心に刻みこみ、今後仲間と連帯するうえでの自信を培うことができます。

こうした仲間との共生・共感・共鳴といった情的核を共有する体験をとおして、子どもたちはたがいが生きていくための「知恵」をそれぞれに育むことになります、すなわち、日常生活者の「知恵」はいろいろな体験や作業を介して生まれるのです。表現を変えれば、「知恵」を生み出す接点は、日常の生活環境との身体的な関係的刺激にあるといってよいでしょう。子どもたちは、歌を聞いて歌い、絵を見て描き、踊りを見て踊り、様々な物品を観察して、木や紙や粘土などを使った工作をしようとします。そしてまた、集団生活ならではの、さまざまな遊びや炊事・食事などをとおして、他者を観察する機会をえて、たがいの相違や特徴を知り、受け入れます、まさにそういった行動・観察・反省から、いろいろな「知恵」が湧き出てくるのです。豊かな自然環境のもと、広々とした場所で子どもたちを物理的にも、精神的にも拘束することなく、その身体性の全面的な解放を行わせてやれば、生命体として生き抜く「知恵」や、集団的存在として生きる「知恵」を、個々人それぞれが身につけるはずです。

この段階では、抽象的な「知」の教育は必要ありません、どこまでも具体的な体験や観察をとおして「知恵」を起動させることが大切です。たとえば、農業であれば播種から刈り入れまでを体験する、漁業であれば危険のない場所での漁の体験、林業であれば植林から伐採・製材までの体験などにおいて、自然にふれ、人間にふれることで「情」が豊かに育ち、「知恵」が生まれます。この「知恵」が、今後の抽象的な「知」の学習を血のかよったものにします。もちろん、それぞれの子どもにおいて、それぞれに固有な体験的「知恵」が装備されればそれでよいのであって、高度な抽象的「知」が、必ずしも各人に十全に装備される必要はなく、関心の濃度差がそれぞれにあるのは当然なのです。

保育現場で指導教員の行うべきことは、子どもたち一人ひとりと「情」の絆を築き、安全を図りつつ、さまざまな作業の手本を示して、ともに行動し、子どもたちの日常生活者としての「情」と「知恵」を育む手助けをすることだといえます。人工的な極度に管理された保育環境ではなく、豊かな自然環境にあって、大人世界のさまざまな差別的価値観を子ども世界にもち込むことなく、集団の一人ひとりは自分を助けてくれる仲間であるとともに、逆にまた自分がそれら一人ひとりを助けていく仲間でもあるという、公平なかかわり性を育てればよいといえましょう。

第八章　学校での「情育」と「技育」、そして「知育」

これまでは「情育」について多く言及してきたものの、「技育」や「知育」についてはほとんどふれてこなかったのですが、いうまでもなく自然とともに生き、集団の仲間とともに生活する「知恵」を身につける主体的契機が「技」の学習です。こうした「情」や「技」を身につける中で湧き出てきた「知恵」を一般化し、抽象化する能力を身につけるのが本来の「知」の学習なのです。学校では、「情育」は当然として、学齢に応じてさらに「技育」や「知育」が行われることになります。もちろん、ここでの「知育」と、これまでの「知育」は異なります。これまで「知育」とは、日常の生業とは別の、特権層が築いてきた文字文化にかかわるさまざまな知識を身につけ、さらにそこに流れる脈絡を論理的に捉える抽象的思考力を育むことだとされてきました。しかしそこには、具体的な日常の生活体験が、ことに体験から生まれる「知恵」が、軽視されておりました。

もともとは日常の生活で必要となり、生み出される「知恵」こそが「知」の原点であり、そうした生活の現場で必要とされる「知恵」の学習が「知育」の本質であったはずです。しかし「知」は、文字文化の導入以来その連関からはずされ、有閑階級の知的遊戯（支配の道具）となって発展し、今日の自己組織化する「知」の体系となったのです。これまでの公教育は、この「知」の体系を無批判に受け入れ、子どもたちにその修得を強制してきたということです[1]。

しかし、一体何のための「知」なのでしょうか、また何のために抽象的思考力を養う必要があるのでしょうか。こういった教育的作業の本質的な意味が不問に付されたまま、公（学校）教育が行われてきました。つまり、「知育とは何か」といったことを反省的に考えることなく、多くの人々は、特権層が占有してきた文字文化をそのままに引き継ぐことを、当然の「コト」と考えてきたということです。ことに教育に携わってきた者の多くは、そうした教育の本質的意味を知ろうとすることなく、特権的な文字文化の継承のみを教育だとして受け継いできたにすぎません。

生命体として、また集団生活者として生きていくうえで必要な「知恵」を、すなわち日常生活者としての「情」や「技」に基礎づけられた「知恵」を、身につけさせてやることが教育の原点であったはずです。つまり、日常生活者として生きられる「知恵」を身につけることこそが、基礎学力だといえましょう。ところが今日の学校現場では、「読み・書き・計算」のできることだけを基礎学力だといっております、それは誤解です。それは方法・手段であって、そこには肝心の「何のために」が欠けています。「何のために読み、書き、計算するのか」が明確になってこそ、方法（手段）は意味をもつのです。

まさに、日常生活者として生きるために「読み、書き、計算する」力を身につけるのであり、核兵器をはじめとした殺傷兵器を開発するために「読み、書き、計算する」力を身につけるのでも、他者の生命や健康を顧みることなく、自己や企業の利益追求を図るために「読み、書き、計算する」力を身につけるのでもないはずです。このもっとも基本的な「知育」の原点を欠落させたまま、学校は、子どもたちに道具的な知識や、小手先の論理的思考力の学習をさせてきました。

教育は、もともと国家体制保持のためや、富める者の財を保全するためにはじまったのではありませんから、これまでの学校が、国家保全（特権層護持）のために設置されてきたとしても、これからの学校は、日常生活者育成の場へと改められるべきでしょう。この教育の本質を蔑ろにしながら、教育の場という形式さえ整えれば、本質的な教育が行われているのだとするこれまでの欺瞞的な学校教育を、教育の本質を重んじる教育の場へと変えるには、どうすればよいのかを、以下で考えたく思います。

第一節　学校での「情育」の意義

最近いろいろな人々が、「日本人の学力低下」を嘆く発言をしております、その嘆きの多くは、数学・理科の学力の低い労働者では、学力の高い労働者がいる国との輸出（製品開発）競争に負けるというものです。そうした人々の意見にしたがえば、子どもたちは他者と競争すべく生まれ、他国との経済競争に勝利するために生きなければならないことになります。また親は、そうした競争に勝たせるために、子どもを産み育てるのだということになります。しかし、そうではないはずです。やはり、子どもが産んでもらったことを悦び、生きることを楽しみ、そしてその人生を「幸せだった」といってくれることを願って、親は子どもを産み育てるのではないでしょうか。

このあたり前の親の「情」を伝えることや、その「情」を受け継げる人間（日常生活者）を育成することが、そしてまた、仲間とともに生きることを喜びとする人間を育てることが、教育の本質であるはずです。この本質に立ち返るためには、現今の教育、ことに学校教育の根本的再生が必要です。そして、再生への契機は、「情」の教育の復権にあります。「知」重視の教育から、「情」重視の教育への転換です、正確には、転換というよりは教育の原点へと戻るということです。自然や仲間を思いやる豊かな「情」（温かい心）が子どもたちに育ってこそ、「知」（学力）が、日常の生活に生かされるのではないでしょうか。

現代の教育問題として、乳幼児虐待、学級崩壊、いじめ、不登校、ひきこもり、中途退学などが話題となっております。それらは、個別に解決できる個別的な問題ではなく、社会の構造的な歪みによって生じている問題です。多様なポテンシャルをもつ関係的存在としての人間を、一元的な学力（知力）評価体系のもとに組織化し、評価外の能力を軽視したり、切りすててきたことへの歪みです。

「いやだ」と思っている薄っぺらな知識修得を、無理にでもしなければならないからやる、それも競争の中で追い越し、追い越されつつ、人を選別し、人から選別されることの常識を、将来の賃金差別・職業差別を射程に入れつつ承認させられる子どもたち、そこで早期に評価外のレッテルを貼られた子どもや、自分でレッテルを貼った子どもたちに、明るい未来への希望があるといえるのでしょうか。とくに幼い時分から「情」による連帯や共生の体験をもつことなく、個々的に分断されて育った子どもたちにおいては、そうした選別によって、劣位におかれた瞬間からの孤独感や寂寥感は深刻だといえます。

やはり、教育の根幹は、単細胞の専門家（組織における有用な道具）を育成することではなく、「人と人がたがいに温かく手を差し延べ合い、自然と共生できる人間」を育てることだ、といえるでしょう。この「人と人、そして人と自然をつなぐ」のが「情」ですから、生まれてくる子どもたち一人ひとりに豊かな「情」を育んでやることが、家庭教育や地域教育の本旨であり、学校教育の目的でもあるべきです。人と人をつなげる「情育」を学校教育の基盤としてこそ、個々人においても、集団においてもその後の「知育」が有用となり、有意味となるのです。人とのつながり、自然とのつながりをもてない子どもに空疎な知識だけを植えつけようとする学校教育は、子どもたちに空虚な人生を強制するようなものだといえましょう。

経済のグローバル化のもと、世界中の富める人々はその富の効率的運用（増殖）を図るために、世界中にその運用にすぐれた才能を求めるべく、「知」のピラミッド型の体系を利用してきました（その徴表の一つがノーベル賞といえます）。それらは子どもたちに将来、その体系の何処に位置するかを決めるべく競争させ、個々の人生のすべてを、そうした一覧表の位置で評価しつくそうとします。つまり、子どもたちの全人生は、そうした評価によって決定されるのです。社会は、差別されたくなければ、より上位をめざして頑張れといい、子どもたちにその努力を強制します。その評価の指標として活用されてきたのが、各人の知識・教養・理解力といった知的能力の数量化、つまりＩＱなどのさまざまな評価手段や資格試験制度です。そうした数値アップのためのトレーニングや、知力の序列化を担うのが、今日の知育至上主義の学校教育体系だといえます。

知育至上の教育は、人を学歴・業績などで選別・評価する術を子どもたちに教えるだけで、人と人をつなぐ「情」のありようなどは、まったく顧慮しないものでした。まさに「冷たい社会と冷たい教育の連動」、それが今日の学校教育体系の実態です。人間とは、たがいに助け合い、協働する存在だという認識を正当（正統）だとする時、我々は、子どもたちを個的に分断し、選別するこれまでの「知育」に代わって、子どもたちを連帯させる「情育」重視へと、学校教育を変革すべきだといえましょう。

自然や仲間との共感および共鳴の心を育てる「情育」は、「情」に個々的な濃度差があるからといって、子どもたちを序列づけません。何に対してどのように感じ、接していくかは個々人によって異なります。この教育で重要なことは、子どもたちの「情」的傾向を問題視するのではなく、世界におけるさまざまな差異を差異として尊重し、それぞれの存在性を受け入れる姿勢を育むことです。しかしそれ以上に大切なことは、差異をとおしてたがいを「慈しむ心」（情）を紡ぎ出せるようにすることです、そうしてこそ「情」において相互がつながるのです。

このような乳幼児期よりの「情育」によって、子どもたちは、それぞれの相違を「情」という公平な接点（かかわり）で認め合うことができるようになっておりますから、大人たちによって、知力度や体力度、そして権力に迎合する従順度などでたがいが差別されることがあっても、その前に子どもたちは、すでにたがいを日常生活する仲間だと認識できているので、そのような大人の価値観に振り回されることはありません。こうした情的連帯の基盤がきちんと整っておれば、知力や体力の優劣をもって、人を差別する人間になることはありません（そうした温かい人間性を確立するための経済環境については、ここでは言及いたしません）。

「情育」は、身体や精神における障害をもつ人々、また老人や乳幼児といった弱い立場にある人々を、上下や優劣といった相で捉えるのではなく、生命体として、生きる仲間（日常生活者）として捉える心を育てます。成人後も彼らの心には、揺るぎない生命体同士としての連帯の「情」が働き、人々を差別的にあつかう社会ではなく、公平にあつかう社会を確立しようとするでしょう。それは、天賦人権論よりして、個々人には生得的に人権があるゆえに、個々人は公平にあつかわれるといった理屈ではなく、そういった理屈を生み出すにいたった動機である共生・共感・共鳴といった仲間への「情」の連帯に立ち返れば、たがいが公平であることがあたり前だという常識が働く、といった意味においてです。

生きる者同士をつなげる紐帯は「情」ですから、学校教育においてめざされるべき教育上の基軸は、「情」の育成であるべきです。つまり「情」の育成によって、たがいを連帯させる「慈しみ」と「思いやり」の心が育つというわけです。この視点が明確であれば、ともに生きる仲間を生かすために、「知恵」を働かせるはずで、決して産業界や政治的世界の自然破壊や平和破壊に貢献するようには働かせないでしょう。なぜなら、いかなる欲望（利益）充足よりも、一人ひとりの生命を生かし、共生することの方が、より重要だと体得しているからです。

庶民の世界（世間）では、「温かい心」と「優しさに溢れた知恵」を合わせもった人格を理想にしてきました。しかし、それには順番があるのではないでしょうか。乳幼児期における「情（温かい心）」の育成を第一としたうえでの、知力（優しい知恵）の育成という順番が。この順番は同時進行であってはならず、まして逆であってはなりません。有名幼稚園へ入学させるために、乳幼児期からの「知育」に奔走する親（自分の子だけは有名大学へいかせ、地位や高所得が保障される職業につかせたい親）とその子の姿は、集団生活の原点（集団形成の本質）から見て歪《いびつ》だと思われます。もちろん、この差別的社会（利己主義を容認する社会）で育った親が、そのような「子育て観」をもったことに対して、誰も嘲笑しはしないでしょう。ただ学校教育が、いつまでも支配層の利益に役立つ「知」を育成する場にとどまるかぎり、こうした悪循環はつづきますから、毅然として悪循環を断ち切るべく、早急に日常生活者育成の場へと学校は変革されるべきなのです。

余計な作為を施すことなく、豊かな「情」を育てるならば、「情」を重んじる自己学習力が働き、個々の子どもにおいて、日常生活者として生きていくための「優しさに溢れた知恵」が生み出されていくはずです。そうであってみれば、学校現場においては、それも小学校レベルにおいては、「情」の教育が尊重され、その学習に多くの時間が割かれるべきでしょう。

「情」の教育は、乳幼児期といった早い時期から意識的にはじめるべきですが、実際にはこれまで、親やまわりの大人たちが意識的に「情」を育むような言動をしなくても、子どもの側が、大人たちの言動をよく観察しつつ、それぞれの「情」の回路を紡ぎ出してきたというのが一般的です。ただ親たちが日常生活者としての「情」を育てるのだという強い自覚をもって取り組むのと、自覚しない親の仕草を子どもがただまねるのとは、根本的に異なります。もし習慣的にやっていて、子どもたちすべてが「人と人との情や、人と自然との情」を第一義におく心をもてていたなら、差別や争い（戦争）、そして支配と被支配の強制的かつ命令的な関係は生まれていなかっただろうし、生まれていたとしてもとっくに消滅していたはずです。

しかし現実は違いますから、習慣化された子育て過程には、人を差別したり、殺戮したりすることを押し止める「情」を育てさせない要素が、混ざっているということです。厳密には、差別や殺戮を正当化する文化が、「情」の健全な育成を阻んでいるというべきでしょう。それゆえ、豊かな慈しみに溢れた「情」を育む機会に恵まれなかった子どもたちに、いつでも、どこでも「情」の教育が行われるべきなのですが、残念ながら、現代の分業化された社会においては、保育現場や学校以外にそのチャンスはほとんどないといえましょう。

実際には、豊かな「情」を育む機会をあたえられないままに幼児期をすごし、小学校へと入学してくる子どもたちが多数いるものの、そこは、差別的な「知育」の体系を基本としたカリキュラムで構成されておりますから、現今のままでは「情」の教育は期待できません。さらに中学校や高等学校へと進むにしたがって、知育重視の傾向が強まりますから、それらの変革方法として、学校で日常生活者を育てるためには、どのような「情」の教育を子どもたちに実施すべきかが、まず検討される必要があります。まして、集団構成員の知力にもとづく差別的序列化を正当視する文化に、幼児期以来なじんできた子どもたちを前にして、その価値観を百八十度転換させられるほどの「情」の教育が、はたして可能なのかが検討されねばなりません。

ここで少し課題を整理すれば、以下のようになります。

一　なぜ学校を「情育」の場へと変革するのか
二　乳幼児期に育まれなかった「情」の育成をどうするのか

三　誰が「情」の教育のできる教員を養成するのか
四　具体的に「情育」をどのように行うのか
五　差別的文化は共生と協働の文化へと再生できるのか
まだまだ課題はあるでしょうが、取りあえずこの五点について考えてみたく思います。

一　なぜ学校を「情育」の場へと変革するのか

この問題を考えるにあたって、我々（親、親族・地域の住民、あるいは教員）に求められるのは、「知育の場」である現今の制度的機関としての学校を「情育の場」へと変革し、そこから「知」の学習体系を組み立て直すといった課題を引き受ける覚悟です。もともと親（養育者）の温かい「情」に溢れた懐で「生きていく力」を養いつつ、「知恵」の回路を構築してきた子どもが、学校へ入学することによって、突然に特定のベクトル（知育至上主義、能力主義）へと「知恵」のコードを再励磁され、差別的な「知」のコードにしたがって日常生活者的情を切り捨てていくさまを正当（正常）だと思う者には、学校を日常生活世界再生の場にするという発想は理解不能なことかもしれません。

しかし、子どもたちを特定の「知」のコードへと再励磁するベクトルとは何なのか、といった疑問を自らに投げかけられる人々は、ベクトルが一つであってはならないことに気づくはずです。ベクトルは多様であり、コードも多様であったゆえに、人類は世界各地で、多様な自然環境のもと、多様な生活を営み、多様な文化をそれぞれに築いて、今日まで繁栄してこれたのです。もちろん、多様であっても共通する情的「核」はあります、それは、自然との共生であり、仲間との共生という根源的な要請です。つねにこの「核」に立ち戻りつつ、「情」を磨き、育てる、ここに学校教育を立脚させることが、「知だけを優先させてきた教育の場」を「情を基軸とする教育の場」へと変革する要諦だといえるでしょう。

さまざまな生業現場での自然や仲間との交流を、その身体（五感）のすべてをとおして体験する子どもたちにあって、そうした実践から育まれる日常生活者として生きる自信（情と技と知恵の装備）は、その後の人生を支えます。何歳になってもこの交流をつづけるかぎり、この自信は、今日的な人や自然を道具としてのみあつかう冷たい知性（情を欠いた合理主義）を拒否し、血のかよった温かい知性を育てるべく「知」を再構成するようになるはずです。

一切の理屈を超える絶対的価値（至上命令）として、一人ひとりの命を生かすためにたがいが助け合い、協力し合って、自然とともに生きる態度が、人間には課せられているのですから、学校教育の場で常に、その尊重が絶対的であることを教えつづけ、身につけさせる必要があります。それゆえ、そうした教育の根幹である「情」を育むには、農業・漁業・林業といった生業現場での体験は当然として、まずは遊びやゲームなどを介してはじめてもよいでしょうし、また踊り、歌、絵画、工作などからであってもよいでしょうが、必ずそこからは競争の「知恵」ではなく、共生・協働の「知恵」を引き出す思慮が、指導する教員には求められます。学校はまず、多くの人々の助言を結集しながら、一人ひとりの子どもに思いやりに溢れた「情」を身につけさせるべく、さまざまな取り組みをすることで、その教育の質を徐々に変えていくことができるはずです。

もともとヨーロッパにおいては、近代教育の理想に基づき設立された学校（公教育の機関）と、それ以前の支配層子弟たちのための学校（私立学校）がありますが、それらに共通するのは、学校とは、子どもたちの知性を磨く場だという認識でした。ですからヨーロッパでは、「情」は、家庭や地域（階級）集団、さらには教会といった場などで、乳幼児期よりの生活体験をとおして育み、身につけるものでした、もっとも庶民層と特権層における生活体験は、既述のようにまったく異なります。それはともかく、学校は「知育」の場であり、「情」はそれ以外の場で身につけるべきものだという常識が固定しておりました。

しかし、今日の社会が「情」を蔑ろにし、子どもたちが「情」を豊かに育めないようになっている現状においては、どこかがその役割を担うべきです。もちろん、この社会が「情」を大切にする共同体へと再生するのなら別ですが、現実は逆です。かぎりない富への欲望を解放し、利潤追求のためなら人命さえ軽視して憚らない資本主義経済、それと連動して、かぎりなく人と人を分断しつづける分業化体制を前にする時、当面、社会自体の自己再生力に期待することはできないでしょうから、まず学校それ自体が、先行的に「情」重視の教育の場へと変革されるべきでしょう。

また、「情」が豊かに育たないまま学校へ集められる子どもたちにとって、今の学校という場は悲惨で、子どもによっては地獄です。なぜなら、子どもたち相互が助け合い、連帯する接点をもつことなく、孤独のままに、差別する者、差別される者へと分類されるだけなのですから。現段階ですでに、いじめ、不登校、ひきこもりといった現象が増加傾向にあることから、将来は予測できます。そういう意味で、学校自体の「情育」への取り組みは、いまや喫緊の課題だといえましょう。

もちろん、学校教育の基本を「情育」に移すためのイニシアティブを握るのは、当面は親や地域住民であると同時に、教員たちですから、「情」の教育へのカリキュラムはこれらの人々の共同討議によってつくられるべきです。

二　乳幼児期に育まれなかった「情」の育成をどうするのか

「情」を起動させる脳の局所に損傷がないかぎり、ここでの問題はそれをどのように働かせるかということになります。初期化が早ければ、豊かな「情」の回路を構築していける機会が多いのに対して、初期化が遅くなれば回路網は貧弱になってしまいます。乳幼児期の子どもが喜び・哀しみ・不安などを感じる強度と、五十歳を越える大人のそれは明らかに異なり、また他者との連帯や共生への志向において、前者ではそれが強いのに、後者ではもはや希薄になっている、といった経験的事実はそうした裏づけとなります。

乳幼児期に豊かな「情」を育まれなかった子どもに対して、少年期になってから「情育」をはじめる場合、「知育」にかける時間以上に「情育」に多くの時間をついやすべきは当然でしょう。ことに人と人との温かい交わり（さまざまなコミュニケーションの機会の設定）の中で、温かな「情」の芽を紡ぎ出せるように、ゆっくりとした交流の時間を確保すべきだといえます。そこで絶対に遵守されるべきは、そうした子どもたちと接する者において、たがいが生きる仲間同士だという原則のもとに、「情」を育てるという姿勢です。もちろん、青年前期においてはじめなければならない場合には、さらなる時間がついやされるべきは述べるまでもありません。

「情」は、乳児期以来の夜寝て、朝起きて、食べるといった一日のサイクルを軸として、何ヵ月、何ヵ年もの日常的な生活をとおして育まれるものです。それゆえ、少年期や青年期にはいってからでの「情」の育成は、実際のところ困難だろうと予想されます。それは、誰がやるのかという問題も含んでいますが、遅くなってから「情」の回路を育まなければならないということは、その両親が乳幼児期での「情育」を放棄（軽視）していたということであり、またそうした子どもに改めて「情育」をするためには、両親に代わる養育者が必要であり、また彼らに日常生活全般を指導できる全寮制の施設が必要だということになります。しかし、現状の学校にはそのような受け入れ態勢は皆無ですし、担うことができたとしても、ほんの一部でしかないでしょう。

そのため、両親あるいは地縁・血縁の人々が行うべきであった「情育」を肩代わりする施設が、学校とは別に設置されるべきです。もし本気で、遅ればせながら子ども（青年を子どもとはいえないかもしれませんが、情の未熟という点では子どもでしょう）に豊かな「情」の回路を装備させようとするのなら、この教育に二十四時間体制で取り組む機関を別途設けるべきでしょうが、ここでの議論は、ある程度の「情育」を乳幼児期に受けている子どもを前提としておきたく思います。なぜなら、「知育」の場でしかない学校を「情育」の場へと変革するといった視点での議論を堅持したいからです。ただ、温かい養育者の保護のもと、さまざまな生業現場での長期的な生活体験や作業をとおして、「情」は青少年期の子どもにおいても育つといえるでしょう。

三　誰が「情」の教育のできる教員を養成するのか

たしかに将来的には、すべての教員に「情」の教育を行うためのすぐれた能力と情熱が求められます。現状にあっても、豊かな「情」をもった教員が多数いるはずですが、決定的に不足しておりますから、そうした教員養成の方策が大きな課題となります。それも、当面の課題と、将来的な課題に分けて考えるべきでしょうが、ここでは当面する「情」の教育を行える教員の養成についてのみふれたく思います。(2)

教員養成機関設立にともなう課題としては、A＝誰が養成機関をつくるのか、B＝誰がどのような基準で、誰によって「情」教育の指導者に選ばれるのか、C＝誰がどのような基準にしたがって、誰によって養成を受けるように指示されるのか、といった項目があげられます。

Aは、現状では行政機関としての各教育委員会（この機関の変革は必要で、住民投票で委員が選出されること、そして行政は財源以外には介入すべきではありません、行政マンの教育長が学校教育に介入している現今の制度は根本的に間違っております）が設置することになりますが、行政が積極的に「情育」に取り組むことはありえませんので、保護者や地域住民が行政に設置を促すことで、実現していくことになるでしょう。Bは、まだ専門のトレーニングをやる者がいないのですから、保護者や地域住民の依頼によって、幼児教育や発達心理学などの分野で、子どもたちの「情」の発達過程に詳しい人たちに指導者になってもらうことになります。Cは、現状の教員全員が自主的に取り組むのは当然として、基本的には保護者たちの要請を受けて、Bの専門家たちの助言をえながら、相互批判をとおして「情」の育成方法を身につけていくことになります。もちろん、それだけではなく、さまざまな生業現場での労働と生活の実習体験も、ある一定の期間必要となるでしょう。

もちろん、そうした機関での研修において、すぐれた教員が育つことで、その後にあって、「情育」を行える教員養成機関は、彼らの助言などできちんと立ちあげられるはずです。また同時並行的に、教員養成の大学などでも、教員資格の必履修科目として「情育」が加えられ、徹底したトレーニングが行われるべきでしょう。ただ将来的には、そうした「情」の教育を受けて育った子どもたちが親となったころに、彼らの合意のもとで、教育委員会の改革が行われ、また教員養成機関が新たに設置されたりすることで、「情育」を行える教員養成のためのトレーニング科目がつくられるはずです。

四　具体的に「情育」をどのように行うのか

何度もふれておりますように、胎児期にはじまる親などとの多様なかかわりや保育機関での「情育」によって、それぞれの子どもは、学校にやってくるまでに、もう固有な「情」を身につけております。ですからその後を受けて、学校は、どのようにしてそれぞれの「情」を、さらに豊かに育てていくのかという課題を引き受けることになります。

まず何よりも、集団での遊び、歌、踊り、運動、工作などの体験をとおして、自然やいろいろな世代の仲間たちとのさまざまなかかわりの機会を、数多くもてるようにすることからはじめるべきです。ただし、個々の子どもへのきめ細かな対応ができるように指導教員は、当初は、多数配置すべきでしょう。そして、具体的な自然や人との交わりから、子どもたちがその身体のすべてを使って、さまざまな環境の空気を感じ、その微細なひだまでも感じ取れるように、十分な時間配分をする必要があります。もちろん、子どもたち一人ひとりの情的差異にもよく注意し、それぞれの違いを尊重すべきです、大切なのはたがいを慈しむ心を育てることです（情に一律の基準はありません）。

物理的に困難であってもぜひ必要なのが、保育現場での体験を継承すべく、学校でも農業、漁業、林業といった生業現場における生活を体験することです。[3] それは人類文化の原点ですから、やはり、それぞれに数ヵ月以上の期間（小学校在学の全期間をとおして）は最低限必要でしょう、ことに小学校レベルではより広い領域での体験と、生業で求められる連帯の心を身につける学習にウエイトがおかれるべきです。さまざまな日常的な生業現場は、人が生き、生かされていく原点ですから、これらの体験によって、自然の中に生きる人間の「情」と、仲間たちとの協働作業や共同生活から生まれる他者への思いやりの「情」が、子どもたちの心を豊かにします、またそれは、たしかな生活者としての自信を与えることになるはずです。

五　差別的文化は共生と協働の文化へと再生できるのか

歴史的な差別には、政治上の支配・被支配の差別、経済上の貧富の差別、社会制度上の身分差別などがあります。現代にあっては、知能・学歴の差別、それと連関する職業（賃金）の差別などがそれらに加わります。たて前としては、「社会的差別はない」ことになっていますが、現実はそうではありません。今日の社会にはさまざまな差別があり、子どもたちはその中で育ちますから、彼

（彼女）らはそうした差別的情報に侵食されます、つまり差別されたくなければ、差別的体制に順応して勝ち抜ける力量を身につけろと常に迫られているのです。

しかし日常の生活にあって、我々は、差別を正当化する人よりも、人間はたがいに仲間として助け合うべきだとする「善意」の人々の方が、多くいることを知っています。なぜ、そのような人が多数いるのでしょうか。それは、我々の社会にはまだまだ、人間はみな仲間であり、たがいに助け合うべきだとする日常生活者の文化が、根強く継承され、残っているからです。こうした文化を継承してきたのは、西欧の合理主義や個人主義を学校教育で学ぶことのなかった日常生活者たち、すなわちただ市井に生きてきた人々なのです。そして、この日常生活者同士をつなげていたのが「情」ですから、差別的文化を払拭するヒントは日常生活者、あるいは「情」にあるといってよいでしょう。

人を差別することを当然とする親などに囲まれて育った子どもは、差別されないように生きようとするとともに、親たちが劣等とする人々を差別することに、違和感をもたないようになります。しかし、この子どもたちが親元を離れ、日常生活者の世界（衣・食・住の生産と消費の直接的な関係的世界）で生きざるをえない環境におかれれば、彼らは生命体として、また集団的存在として生きることの本質にふれることになります。それは生きるという具体的なダイナミズムの体験であり、一切の虚構が成り立たない世界ですから、そのインパクトは強烈です。つまり極限にあって、人はたがいに助け合わなければ生きられないという直接的な体験をすることで、謙虚になれるのです。おそらくこうした体験をした子どもたちは、人を差別する愚かしさを知ると同時に、人と人をつなぐ「情」の大切さを実感することでしょう。

それには、(四) でふれた日常生活世界(さまざまな生業現場)での生活体験が不可欠となりますが、それに加えて、そうした基礎的な「情」の回路網が定着したところに、自然素材と人間の手が育んできたさまざまな工芸的作業(わざ)の体験も行われるべきです。そこには、自然をとおして人間の存在性を確認する「技」の文化が蓄積されております、それゆえ、「技」の習得をとおして子どもたちは、集団世界で生きるための「知恵」の原点を見出すことでしょう。人類の長い歴史にあって培われてきた「情」や「技」に裏づけられたさまざまな「知恵」を体得することで、子どもたちは確信とともに、それまでの浮薄な差別的文化を、自分たちの「知恵」でもって共生と協働の文化へと再生していくはずです。

第二節　学校における「技育」の役割

教育(子育て)の本質は、日常生活世界を基盤とする文化を担う子どもの育成にあります、そしてそうした教育を支える核が「情」の教育です。また、そのような「情」に根ざした優しさに溢れる「知恵」を育てることが、学校教育の基本的使命だといえます。しかし、自然や他者との情的かかわりに根ざした「知恵」をたしかなものにするためには、「技」の習得が介在されねばなりません。つまり、客体としての自然界や集団世界と、主体としての子どもたち一人ひとりとを、モノ的に、またコト的に媒介させる手立てとしての「技」の学習が、自立的存在性を確立するためには不可欠なのです。自然と共生するための「技」、集団文化を継承するための「技」は、日常生活世界に生きる人々によって脈々と伝えられてきました。まさにそれは、日常生活者として生きる「知恵」の宝庫だといえます。

これまでの学校教育は、この「技」の教育を軽視してきました。貧しい家庭の子どもたちが生きるために身につけるような家庭生活上の「技」や職業的「技」は、貴族をはじめとした特権層子弟たちの教育には、いらないとされてきたからです。自らの身体（手、目、耳、口、足などの各部位）を使って自然や仲間との交流を媒介する「技」、その「技」を介して湧出する「知恵」は、ともに生きる自然を知り、ともに生活する人間を知るための基本です。またそれは、抽象化能力を磨く「知育」にあって絶対に欠かせない基盤です。

「技」の教育は、自分の身体をいろいろと使い、さまざまな自然素材にふれることによって、身体的存在としての自分を知り、素材としての自然を知るといった「知恵」を生み出します。素材（自然）を加工する学習を介して、子どもたちは、幾重にも積み重ねられてきた先人の「技」の文化（知恵の宝庫）にふれ、身につけることで、日常生活者として生きていくためのたしかな自信を身につけるのです。この「技」の学習こそが、日常生活者の「知恵」の原点だといってよいでしょう。

我々は幼少期で見聞した情報の影響（励磁）を受けて、気づかない間に貴族文化や武家文化などに憧れ、「技」の世界（日常生活者の文化）には目もくれないようになっております。そのため子どもたちの多くは、贅沢に着飾った差別者（貴族や武家、富豪）になりたいと思いこそすれ、貧しく薄汚れた被差別者（技の伝承者たる農民や職人など）になりたいと思うことはありません。このように「技」の伝承の場である「日常生活世界の文化」よりも、「人を差別する貴族文化」に憧れる現象は、現代の文化（これまでの学校教育）の本質が反映された結果だといってよいでしょう。つまりそれは、特権層が愛好し、必要とする文化の継承にすぐれた子どもを優秀と位置づけて、特権層の仲間（支配層の予備軍）にそうした者を引き入れるために特権層の文化がうまく利用されたという証左であって、逆にそうでない子どもを劣位におきつつ搾取するといった差別的体制の堅持に、教育やマス・メディアなどの諸文化がこれまでうまく利用されてきたということです。

自然のもとでの生業現場にあって、仲間とともに生きるべく、食糧や道具などの日常生活に必要なモノをつくる体験がなされていないから、根無し草の貴族文化などに憧れるのです。たしかに貴族文化なども、人類が生み出した文化ですから、いかに搾取的であったとしても、単純に全面否定すべきではありませんが、そうであるからといって、決して無批判に肯定されてはならないでしょう。きちんと、日常生活世界に生きる人々によって、貴族文化が支えられ、成り立っていたということを、子どもたちに体験をとおして理解させる必要があります。この理解に確信を与えるのが、「技」の教育であり、モノをつくる生活者としての現場体験です。

学校教育の一環として行うさまざまな生業現場における生産から消費までの全般な体験は、人を差別する方法や、富の独占方法を学ぶために行うのではありません。また、自分が生きていくうえで必要なモノは何も生産（製作）できないにもかかわらず、他者に武力や財力をもって生産させることを合理化する方法を学ぶためでもありません。

それらの体験は、日常生活者として自然と共生し、仲間と協働しながら生きるための「情」や「技」、さらに「知恵」を継承していく自信を養うためだといえます。今日、純粋に日常生活世界が残っているとはいえませんが、さまざまな生業現場ではそれらの断片は残っておりますから、学業の根幹として、子どもたちに、農業、漁業、林業といった現場での生活体験をさせつつ、日常生活におけるさまざまな「技」を習得させる意義は十分にあるでしょう。

また、生業現場ではなく学校が、日常生活者育成の場となるためには、「情」の教育とともに、日常生活するために必要なモノはどんなモノでもつくれるようになる「技」の教育を行う必要があります。この「技」には、家庭的なものから、職人的なものまでありますから、それらの指導にはそれなりの技能を習得した者があたるべきです、それには本職を講師に招くのも有効でしょう。「技」の学習をとおして、子どもたちは、本当の「知恵」とは何かを知ります、そしてこの「知恵」が、倒錯的な特権層の文化を批判的に総括し、日常生活世界の文化を足場としつつ、さらに新たな文化を創造していくはずです。

真に「知育」が、日常生活世界で生かされる教育の一領域として再生されるには、学校現場で「情」とともに「技」の教育が、児童期・少年期・青年期をとおして継続的に行われる必要があるといえます。このたしかな、生きるための足場をもつことによって、今までの切花的な「知」を至上とする学校教育は、すべての人類がたがいの手を携えて生きるための「知恵」を身につける学習の場へと、転換していくでしょう。

第三節 「情育」と「技育」、そして「知恵」の教育

自然や仲間と共生するための「情育」と「技育」は、学校教育では軽視されてきました。狩猟・採集、農業、漁業、牧畜、遊牧、林業などの自然と直接的にかかわるさまざまな生業こそは、生きるための「情」と「技」と「知恵」を身につける場でしたから、わざわざ学校でそうした学習をするなど考えられませんでした。もっとも、日常生活世界で継承されてきた木工・作陶・金属細工・料理・裁縫などの日常生活するうえでのさまざまなモノづくりの「技」は、今日一部教科（小学校では生活、図画工作、家庭、中学校では技術・家庭、高等学校での家庭）の中に組み込まれておりますが、それは学校教育の主流ではなく（職業高等学校は例外）、またそこからどんな「知恵」を子どもたちに紡ぎ出させていくのかという体系的視点はまったく欠落しております。その歴史的経過はすでに言及しておりますが、(4)もともと学校教育は貧しい農民や職人たちの子弟を対象にしていないために、「技」の教育の意義を人々は理解できなかったのでしょう。

当初の学校教育（公教育）には、日常生活者として生きるために身につけるべき「情」や「技」、そしてそれらを生かす「知恵」の育成は、もり込まれておりませんでした。それゆえ当然のことですが、自然や他者との日常的かかわりの中でどのような「情」や「技」を紡ぎ出し、その「情」や「技」からどのような「知恵」を紡ぎ出させるのか、さらに紡ぎ出した「知恵」をもって、反省的に自らの「情」や「技」をしっかりと検証し、個別的な「情」や「技」が集団レベルの「情」や

「技」として、また個別的な「知恵」が集団の「知恵」として、どのようにすれば子どもたちの身につくのかは、考えられてきませんでした。つまり、個別的に習得された「情」と「技」から生まれた「知恵」を、さらに一般的なレベルへと昇華させる教育の欠如ばかりでなく、子どもたちや大人たちとの交流によって育まれる共生のための「知恵」を導く機会が、学校では欠落していたといえます（熱心な教員による個々的な取り組みは別として、学校教育制度としての欠落です）。

日常生活世界にはさまざまな伝統的文化が混在しているため、我々はそれらすべてを肯定すべきだとは思いません、しかし、その中には必ず継承すべき文化があります。継承すべき文化とは、第一に、生命体として生きることを尊重する文化であり、第二に、相互が助け合い、協働するための「情」と「技」と「知恵」を尊重する文化です。それゆえ、継承すべき文化には特権層の文化、つまり生殺与奪の権能を付与された支配・被支配の差別的関係性の保守とか、富や財の独占的な私的所有の認知とか、個々人を分断する分業化体制の推進などは含まれません。

豊かな自然の中で、そして温かな日常生活世界において育まれた「情」と「技」と「知恵」こそが、継承すべき文化の原点であり、教育の基軸であるべきだということです。

自分たちが共生する自然のシステム（運動法則）や、集団生活の構造を知りたいとか、膨大な集団文化の集積である歴史（世界）的資料を調べたり、また自分の意思を他者に書き伝えたいといった動機が、数量化や記号化の能力を身につける学習行動を支えます。個々の子どもに、「情」と「技」と「知恵」に基づく動機（好奇心）があってこその「読み・書き・計算」の学習であって、子どもたちに日常生活者として生きる動機を喚起することもなく、ただ一方的に根無し草の知識を押しつけたり、そうした知識修得のための技法を教えればよいとするのは本末転倒です。

もっとも、日常生活者としての「情」と「技」と「知恵」を育てるうえで必要とされる文化の継承とか、不必要かつ害になる文化（自然破壊や仲間の殺戮・差別などを正当化する文化）の凍結などは、今後の大人たち、すなわち日常生活者たる教育を受けた子どもたちが親になってから、決めていくべきことだといえます。そのため当面、今の親たちには、学校現場において、そうしたたしかな視点をもてる日常生活者の「情」と「技」、そして「知恵」が、子どもたち一人ひとりの身につくまで、教育にかかわりつづけてもらわねばならないといえるでしょう。

富を増殖させるシステムと化した現代社会、そのシステムを動かす歯車へと子どもたちを改造する学校教育、このような現状の変革にあって、先行的な学校自体による自己変革への取り組みは、重要だといえます。しかしながら、世代が一巡・二巡してこそ明確な日常生活者像が人々の間に生まれるのですから、理想にはやって変革を急ぐべきではありません。日常生活者としての教育を受けた子どもたちが、たしかな日常生活者たる自覚をもった大人へと成長し、さまざまな職業に就きつつ、次世代の子どもを産み育てる親になるのですから、教育場面だけでなく社会全体が緩慢ながらも大きく変わっていくはずです。それも生命体を大切にし、生きる仲間を大切にする社会へと変わっていくはずです。

それゆえ、学校（ことに小学校）では、日常生活者の育成が主目的として設定されねばなりません。また、そこでのカリキュラムの精選は現場の教員たちが行うとしても、その採用は日常生活者を育成しようと決断した親たち、および地域の人々の合意によって決定されるべきです。採用されたカリキュラムは、各地域の教育委員会（地域住民により選ばれた代表たちの合議機関）が仲介をして、各学校現場で活用されることになります。

教員の主な仕事は、知識の伝達でも、知識の修得技法の教授でもありません、仕事は、子どもたちに日常生活者になるための動機づけをし、「情」を磨かせ、「技」を身につけさせ、「知恵」を育てることです。では、そのような責務を担う教員のトレーニングは誰がするのでしょうか。教員自身の自覚的取り組みは当然だとしても、やはり当初は、日常生活者を育成しようと決断した親や地域の人々が基準をつくり、既述のとおり、未熟な教員を生業現場で半年以上はトレーニングすべきですが、実務的にそれが困難だとすれば、各地域の教育委員会が教員養成機関を設置して、そこでトレーニング・システムを立ちあげていくことになるでしょう。

変革への実践をはじめた現場にあって、「情」と「技」の教育から「知恵」の教育への連携は、当初にあってうまく機能しないかも知れません。しかし、そうした連携は、教員の努力は当然として、子どもや親といった学校現場にかかわる人々の相互的なフィード・バックによって、子どもたち自身が日常生活者として生きる自信と確信を深め、さらにたくましく成長していきますので、彼（彼女）ら自身の力によって、軌道にのるはずです。また学校は、常にその「あり方」を子どもたちの成長を見守りながら、反省しつつ、より確かな「知恵」を育てる場へと自覚的に変革される必要があるでしょう。

また、今日の極度に専門分化した抽象的な学問領域（ことに自然科学の分野など）では、それらを理解する知力が求められているため、学校はそうした要請に応える教育を行ってきました。いまこそ、そうした教育のあり方に反省を加える必要がありますが、残念ながら、我々は、そのような抽象的な知力（知の体系）をコントロールできる日常生活者の「知恵」を、まだもっておりません。これまでそうした努力をしてこなかった我々の怠慢を反省すべく、「情」や「技」を基盤とした優しい「知恵」を育てることによって、知力と「知恵」の文化的ギャップを少しずつ埋める努力をすべきでしょう。その成果が、今日的な「知の体系」をコントロールする日常生活者の「知恵」を生み出すはずです。

それはともかく、これまで見てきましたように、教育の初期段階（今の制度でいえば小学校）を十二歳ころまでとすれば、この間の豊かな「情」の教育によって育まれた子どもたちの慈しみに溢れた心には、日常生活者としての「知恵」が育ち、その苗床から芽生えた子どもたちの知性は、おおむね、生きることにおいて一番大切なこととは何かを知り、今後自分が学ぶべきことへの判断を下せるようになっているはずです。日常生活者へと育つ子どもたちの温かな「情」と、生きる自信に溢れた「技」、そしてその「技」に裏打ちされた「知恵」が、これまでの差別的な「知」の体系を、慈しみに溢れた情的連帯のための「知」へと再編成してくれるでしょう。

第四節　「知恵」の教育から「知育」へ

「情」をとおして子どもたちは、仲間や自然と共生（共鳴）するための心のネットワークを構築していくわけですが、「技」は、自然に働きかけることで、自然によって生かされる人間の存在性を体得する契機となります。それはまた、自然や集団文化の中で生きていく自信を子どもたちに与えます。しっかりと「情」を身につけた子どもにとって、「技」の習得は、自然や仲間と共生する存在としての自己を確認させると同時に、自然や仲間と向かい合える主体的な「知恵」を励起させる意味をももっております。「技」とは、もともとそうしたもので、国家や企業の利益のためには自然を破壊しても構わないとするような能力（プラグマティックな道具的態度）ではなかったのです。

指導者の仕草（技）をまねるべく、目や手などの身体を駆使することで「技」の習得がはじまります。またそうしたまねのくり返しから徐々にコツをのみ込み、「技」は個々の子どもたちが自立するための足場となります。子どもが一人前に生きていくために身につける「技」は、本来、自然と人間をつなげる媒体であり、人と人をつなげるパイプ的役割をはたすものでした。さらに「技」の習得において、加工する対象としての自然の特性（特質）と、作業する自分の身体的力能を知ることになります、まさにこの自然と自分を知る「知恵」こそが知性の原点なのです。

「技」を身につけることとは、向かい合う自然を知ろうとする「知恵」を励起させることであり、また「技」の文化を受け継ぎ、さらに改良を加えて次世代へ譲り渡していく創造的技能の「知恵」を働かせることでもあります。そうした「知恵」こそが、工業技術や数学などの自然科学的知性（自然の質量性と法則性の認識）を支える基盤であったはずです。もちろん、「技」を身につけるためには、その前提として、親や指導者などとの情的なネットワークが必要です、コトバを変えれば、さまざまな環境とのつながりがあるからこそ、「技」をまねられるのです。これまでの人類の文化は、「情」と「技」と「知恵」といった学習順序を大切にしてきたからこそ、集団的存在としての人間形成のバランスがうまく取れていたといえます。この順番を崩してはなりません、情的裏づけのない「技」は危険です、もちろん情的裏づけのない「知恵」が傲慢であり、危険であることは述べるまでもないでしょう。

「情」があるからこそ、日常生活者の「技」が健全なのであり、そうした「情」と「技」があってこそ、日常生活者の「知恵」が健全となるのです、それらが健全であるのは、生きていく原点を決して取り違えていないからです。つまり「知」のためなら（厳密には技も含まれるべきでしょうが）、「情」を断ち切ってもよいなどという逆転の発想をしないからだといえます。そうした常識を身につけるためにも、学校では豊かな「情」の涵養が第一であり、そして次にたしかな「技」の習得が必要なのです。そして、そうした学習から生まれる「知恵」が、その次に尊重されることになるのです。この「知恵」をさらに鍛えるのが、「知」の教育であるべきなのです。

そういう意味で、自然と共生し、仲間と共生するためのすぐれた先人たちの「知恵」を継承することこそが、学校教育の原点であるべきだったんです。こうした教育をきちんとやっておけば、個々の子どもたちにあって、自然を生かし、仲間を大切にする「知恵」が育ち、その「知恵」は、日常生活者にとって必要な「知」の射程をしっかりと自覚できていたはずです。近代初頭において行うべきであった「知」の教育とは、この日常生活者の「知恵」から生まれた知性を育ててやることであって、支配層が構築してきた切花的な「知」の体系を引き継ぐことではなかったのです。

我々がめざす「知恵」は、日常生活者として生きるための能力の一つであって、自然を富の源泉としたり、仲間を富を生み出す源泉（搾取対象）とするために機能させる能力ではありません。この「知恵」は、人と自然との共生的世界を創造する知力を喚起すると同時に、その知力の独走を制御する能力でもあります。これまで、「知恵」と「知」（知力）は同義語のように使われてきましたが、明らかに「知恵」が日常生活の場に生きる人々の共生のために機能してきたのに対して、「知」は特権層によって支配の道具として機能させられてきました、その使われ方が違うかぎり、決して同義語とはなりえません。

日常生活者の「知恵」は、はっきりと特権層の「知」とは違うのであり、決してそれへと収斂させてはならないといえましょう。そういう意味で、子どもたちに芽ばえた日常生活者の「知恵」から知力を引き出し、その知性を磨いていけば、特権層が構築してきた切花的な「知」の体系は、子どもたちによって、日常生活世界の「知」として再構成されるはずです。

そのために小学校レベルでは、日常生活や生業での体験的知恵を育て、その「知恵」から知力を培い、その知力をもって、既存の「知の体系」と日常生活者の「知恵」を子どもたち自身の力でつなげられるような教育を行わねばなりません。もちろん、この学習パターンは中学校でも、高等学校でも、また大学などの学問・研究の場においても、当然に遵守されるべきであることは、述べるまでもないでしょう。どこまでも温かくて、思慮深い知性であろうとする姿勢が、この「知育」の目的なのです。

子どもたちは、日常生活で出会うさまざまな自然とのかかわりから、その構造を抽象化することで（知恵の働きによって）、そこにある自然の法則性（客観性）を認識しようとします。そこに自己の脳の論理性（知性）を感じ取るわけです（知力の働きを知るのです）。まさに、この日常生活にあって湧き出てきた「知恵」を動機として、知力が喚起される構造においてこそ、理科的学習の意義を理解できるのであり、数学的学習の意義を了解できるのです。もちろん、言語的秩序化のトレーニングをとおして表現力や読解力を養う国語的学習の意義や、集団社会の歴史的・地理的構造を捉える社会科的学習の意義なども、そうした日常的な生活や生業体験といった実践を介して湧き出る「知恵」を基盤とすることで、了解されることは、述べるまでもありません。

もちろん、この学習プロセスは中学校においても、高等学校においても同様にあてはまりますが、その時間配分は当然異なります。つまり、小学校レベルでは「情育」と「技育」にウエイトをおきつつ、そこから「知恵」を働かせ、知性を磨く（知育を行う）といった学習構成のもと、学齢とともにそれぞれの学習時間の配分は変えられますが、中学校レベルでは「情育」や「技育」よりも、「知恵」と「知の体系」とのつながりを学ぶ時間が多くなり、さらに高等学校レベルでは「知育」の方にウエイトがおかれるということです。それは、この四つの教育がそれぞれの階梯において、うまく子どもたちの血肉となった場合（標準型）を前提としておりますから、個々人によってその濃度差があって当然で、実践化において、それぞれの子どもの差に配慮した教育が個々的に行われるべきことは、述べるまでもないでしょう（学習時間の配分は形式的であってはならず、必ず個々の子どもの個性に応じて配分されるべきだということです）。

第五節　「知育」と「人格的個」の育成

それぞれが母胎を離れた時より個別的に、独自な物理的運動をするように運命づけられた身体的な個（人間）が、さらに精神的な個（人間）としての存在性を確立すべく、仲間や自然との交流をとおして、「情」を身につけ、さらにその「情」を介して「技」や「知恵」を身につけることはすでに述べたとおりです。しかし個性という場合、「情」において個々人は違いますし、「技」の習得にも同様の違いがあります、また「知」の精度も違いますから、それぞれの能力が個性を形成させる要素なのだといえます。おそらくそれらの組み合わせの違いが、独自な個性を形成させるのだと考えるのが妥当でしょう。

近代社会が理想とした個人は、知的な自律的存在（理性的存在）であることですが、それはそれ自身で自立できる具体的基盤をもたない切花的な観念です。しかしながら、この切花的観念にも具体的な足場が与えられれば（情育や技育をとおして日常生活者となることで）、きちんとした存在の根をはることができると述べてきたものの、そこで育まれる個人がどのような人格をもつ個人であるかについては、これまでふれてきませんでした。つまり、ヨーロッパ近代の理想像たるこれまでの「個人」像と、「情育」や「技育」をとおして形成される日常生活者たる顔をもった（本論で構想される）「個人」像との違いを、明確にしてこなかったゆえに、ここでその違いについて述べておきたく思います。

「情」としっかりつながった「技」、その「情」や「技」を基盤とした「知恵」の裏づけをもった「知性」は、近代的知性のように、怜悧に対象と対峙する個の存在性を主張するようなことはありません。それは、「知性」の本質が自然を生かし、仲間（人間）を生かすことだと、幼児期より訓練されて知っているからです。それゆえ、学校で学ぶようになっても、わざわざ「知育」の動機づけをする必要はありません、子どもたちは知性を身につける意味を、生活習慣として幼児期より了解しているといってよいでしょう。

また、これまでの小・中・高・大などの学校現場で行われてきた「知育」と、我々がめざす「知育」には大きな相違はありません（もっとも、学ぶ教科やその学習の質と量は変わるでしょうが）。決定的な違いは、何のために国語や算数（数学）・理科・社会などを学ぶのかが、子どもたちにおいて動機としてすでに明確であるゆえに、「知」は「知」のためにあるのではなく、また富や権力を手に入れるための手段でもなく、究極的には仲間との共生のため、そして自然との共生のために身につけるものだという理解がある点です。今までの学校教育では、「知」それ自身の修得（トレーニング）が学習の主要目的であるかのようにいわれてきました。いわば「知」は中立の立場にあり、それ自身は善でも、悪でもなく、「知」の応用成果が人類に悲劇をもたらしたとしても、それは利用する人間の問題（倫理）であって、「知」の精度を磨くための学習にはまったく悪は混在しないのであり、これまでの「知育」は方法的に正しいというのがそれです。

医学や宇宙探査などに活用される知性は正しい、しかし細菌兵器や核兵器などの殺傷兵器を開発する知性（個人や企業の利益追求のためには自然破壊や他者の死傷などの犠牲は仕方がないとする知性）は正しくないとするとしても、開発者当人はどちらにあっても知的作業として開発（知的探求）に取り組んだのであって、それを利用（許容）するのは政府（軍部）なり企業であって、我々ではないと主張するでしょう。しかし、研究開発者同様に、政治家（軍人）にしても、企業人にしても小・中学校時代の学習にあって、戦争や自然破壊を正当化し、それにからまる他者の死傷を正当化させるために、国語・社会・数学・理科などの教科を学んだのではないはずです。すなわち名目としては、一般的な教養や知識、そして論理的思考力を身につけるために知性を磨いてきたはずなのです。

しかし、殺人者（侵略国家）や自然破壊者（企業）をつくることを目的としないはずの「知」の教育において、大量殺戮を可能とする精密な兵器を開発する者、売る者（企業）、使用する者（国家）があらわれたり、利潤追求のためなら多数の犠牲もかまわず自然破壊を指示する者、実践する者があらわれてきました。これはなぜでしょうか。学校教育（知育）が、他者の命や自然に対して冷たい心で対峙すべきだと指導してきたからでしょうか、しかし決してそうではないはずです。

問題は、近代社会がめざした「世界と対峙できる個人」（人格的個）という観念にあります。それは、自分のやっている研究や経済活動がどのような社会的意味があり、それが将来的にどのような利用のされ方をするのかを予見し、常にその利用において自己の責任のもと、政府や企業と対峙できるような、全体的視野とパースペクティブをもてる知性ある個人を育てるはずでありました(5)。しかし、すべての子どもたちをそうした自律的個人に育てることは、学校教育のカリキュラムをもってしては、不可能であり、そのような個人の育成は、学校教育（公教育）の埒外にあったといえます。

また、すべての子どもたちがそのような個人になりたいとは思っていないし、そのような個人に誰もがなれるものでもなかったのです。つまり、そうした観念は一般化できるものではなく、それはまったく個別的な一つの生き方（多様な生き方の一類型）にすぎなかったといってもよいでしょう。

もちろん、近代思想が描く個人像がいかにすばらしいものであっても、現実はそのような「人格的個」を生み出すことさえできないままにきました。しかしそうであるからといって、理想を現実化できない責任のすべてが教育（学校教育）にあるとはいえません。(6) またこれまで見てきましたように、教育の歴史的一義化（教育が歴史的に当該社会の支配権力を護持するための手段として利用され、逆に教育の両義性が失われていく傾向）によって、教育のおかれた社会的現実が、その理想を切りすてさせていくのは必然でした。ですから、理想と現実が乖離する必然を認識しながら、十分な対応案を構想できなかったこれまでの教育思想なり、社会思想の貧困を反省することもなく、まったく同じような「知育」（情から切りはなされた知の育成）を構想することは無意味です。

我々は「知育」の理想が何であるかはすでに知っていますし、現実がそこに届かないことも知っています、かといって理想をすて、利那的現実にのみ生きることは愚かしく、危険ですから、理想へと近づくために、「情」の教育によって現実を変革していく方法をこれまで提示してきたわけです。我々が求める「知育」にあって子どもたちは、「知育」以前の「情」や「技」の教育において、日常生活世界とつながっていなければなりません、つまり「知育」をはじめる前に学習主体たる子どもは、自然や仲間と情的にも、技的にもつながっていなければならないのです。これまでの「知育」においては、「知（脳）」は「知（脳）」単独で成り立つのであり、それ単独で（身体がなくても）自己増殖的に成長するのだという観念（ドグマ）が、まったく正当であるかのように支持されてきました。しかし現実には、身体全体（身体的につながる自然や仲間も含めて）を維持するために「知恵（知）」が発現するのであって、その逆の、脳を維持するために身体的活動が始動するのではないのです、まさに心身的な全体として、人間は存在するのです。(7)

自然とともに生き、仲間とともに生きるための「知恵」を磨くのが学校での「知育」であるべきであり、そうした教育がめざすのは自然を大切にし、仲間を大切にする個人（自立する自律的人格）の育成です。その個人は、明らかに近代ヨーロッパが理想としてきた個人像（理性的存在として対象的世界と対峙する個人）とは異なります、自然を征服しようとすることもなく、また他者（仲間）を支配しようとすることもなく、「情」においてそれらと連帯し、たがいを生かそうと思念する存在性を身につけようとするのですから、違いは当然といえます。

自然や仲間との共生のために働く「知恵」を介してこそ、心身的なかかわり性を統合する個としての知性が育つのです、これが日常生活世界における知的な個（個人という存在）の理想なのであって、知的個は共生の「情」と「技」と「知恵」の裏づけをもってこそ個性的であるといえます。これまでのドグマ的な知的個は、権力の思惑の埒内で働くからこそ一見自由に振舞えるだけで、それは一部の特権層の欲望に仕えることになれこそすれ、自然や仲間たちとの共生のために働く「知」には至りえなかったのだといえます。そういう意味で、それは個性的な知的個だとはいえません、なぜならある特権層（富裕層）の思惑に隷属してしまっていて、個（独立自存）であると主張するのは矛盾しているからです。

自然と共生し、仲間と連帯するために働く知性、そうした知性の則を超えることなく、常にフィード・バックを自らに掛ける訓練をつんだ知性がめざす夢と、その実現への行動においてこそ、通俗的（日常生活的）でありつつも、孤高の存在性としての「人格的個」が形成されるのだといってよいでしょう。

おそらく「知育」において、日常生活者でありつつも、近代思想がめざした「人格的個」の意識を子どもたちがもてるようにするには、さまざまな知識なり、教養をまず身につけさせなければならないといえます。しかし、それは誰もが身につける必要のある知識なのか、また誰もが好んで身につけたいと思う教養なのかということを、吟味する必要があります。「人格的個」とは多様な人間の生き方の一つであって、絶対的に求められるべき普遍的で一般的な人間像ではなかったのです。各人の人生において絶対に求められるべき人格とは、日常生活者としての「情」と「技」と「知恵」をもち、それにもとづく自然や仲間との共生・協働の意義（重要性）を自覚している「知」をもつ存在性のことです。

そういう意味で「知育」とは、「情」や「技」の教育をとおして芽生えた「知恵」、それも共生や協働の「知恵」をより広く、深く、豊かに育てることであって、紋切り型の知識の獲得をめざすことではありません。学校教育にあって、「人格的個」の意識を育てる材料までは提供するとしても、「人格的個」をめざす、めざさないは個々人の生き方（選択）の問題ですから、「知育」（学校教育）

の枠で「人格的個」の育成までを課すべきではありません。「人格的個」をめざそうとする意識は、自分の現存への反省的な意識が育ってこそ生まれるのですから、だれもがめざさなければならない生き方ではありません。[8]

赤ん坊が、自分の衣・食・住の面倒を見られる一人前の日常生活者へと成長（自立）してこそ（心身的障害をもつ者も、可能なかぎりその克服を図るべく努力して自立をめざすことこそ）、たがいを個人と認め合えるのですから、そうした個人を育てるのが教育（公教育・学校教育）の役割であって、近代思想の構想した「人格的個」はそうした個人とは異なるゆえに、学校教育（ことに小学校・中学校段階）の課題とはなりえません。もちろん、そうした「人格的個」といった近代思想の理想を求める子どもがいてもよいわけですが、ただその者には常に日常生活世界にあってこそ存在できる自分を確認する謙虚さが求められている、ということだけは自覚させておくべきでしょう。

「人格的個」ばかりでなく、老荘思想でいう「真人」といわれるような人間像を求めることや、仏教的悟りを求める（覚者となる）といった宗教的人生を生きることも、日常生活者という生き方をしっかりと身につけているかぎり、個々人の生き方の選択肢として認められるのは当然だといえます。[9] いずれにしても、近代的な市民（自己の財の飽くなき追求を図るべく他と競う利己的な個）の育成に代わって、日常生活者の育成が家庭やさまざまな教育現場で行われれば、子どもたちはヨーロッパ特産の市民社会像を変革していくはずです。そしてそこでめざされるのは、多様な存在性をもった仲間が共生し合える社会だといえましょう。

注

第一章　近代における教育思想と公教育

（1）十九世紀のヨーロッパでも学校教育の指針をめぐって、訓育か「知育」かの議論はあったものの、学校では「知育」、家庭では訓育といった線におちつきます。また日本での経緯は、民俗学者である宮本の「シツケがよいというのは、その社会における共通感覚を身につけ、動作のうえにそつのないことである。着物を縫ったあと、キチンと折り目をつけ、縫いくずれしないように上縫いした糸をシツケイトというが、人間にもそのような、くずれない折り目をつけることがシツケであると思えばよい。このような知識伝承の方法は、文字が庶民の社会へ入りこんできたあともすたらなかったばかりでなく、明治の学校教育が知識の注入を第一としたのに対して、村里にあっては生活技術伝承のためのシツケが根づよくのこった」（宮本常一著『庶民の発見』講談社　二〇四ページ）という一文が、このことをよくあらわしているといえます。

（2）「教育（Erziehung）という言葉は、訓練（Zucht）、引き出すこと（Ziehen）から由来するものである。……訓練は、一方では、子どもたちの管理と同じく、心情への直接的働きかけという特質をもつが、他方では、教授と同じく、その目的は陶冶である」（ヘルバルト著『一般教育学』明治図書出版　一八〇〜一八二ページ）。

（3）一人前というのは、職業では旧来の技術を身につけること（コツをのみこむ＝体験をつうじて本質を知ること）であり、社会生活では社会人として調和のとれた人になること（親に孝行する、神仏をうやまう、ばくち打ち・大酒飲みをしない、けんかをしない、仲間内でわがままをしない、火事・盗人の取り締まりをするなど）だと、宮本常一はいっております（注1　同書　二一四〜二二〇ページ）。

（4）教育の両義性については、拙著『教育哲学の復権』（人文書院）の第五章を参照。

（5）（注4）同書　第一章を参照。

（6）ヴェルジェーリオ著『子どものすぐれた諸習慣ならびに自由諸学芸について』（『イタリア、ルネッサンス期教育論』明治図書出版　所収　一八ページ）。このことは別段、ヨーロッパだけのことではなく、中国や日本でも『礼記』を抜粋した『小学』が文字文化を有用・必要とされた特権層の子弟たちに学ばされたことも同根といえます。

（7）（注4）同書　第三章を参照。

（8）プラトンが民主制を衆愚政治として嫌ったのは、民主制国家では知力に劣る大衆が政治を先導するからで、彼らは、ただの烏合の衆（不必要な快楽のために金と労力と時間を浪費しながら、秩序もなければ、必然性もない一生を送る）だという認識によります（プラトン著『国家』岩波書店　第八巻を参照）。すぐれた知力をもつエリートたちにのみ信頼をおくプラトンは、大衆が知力を磨くための教育方法を、別途考えようとはしなかったようです。

（9）古代アテネでの子どもの教育や学校については、広川洋一著『プラトンの学園　アカデメイア』（講談社）を参照。また教養について、イソクラテスは『パンアテナイア祭演説』で、「真に教養ある人は、日常生起するもの事にたいして健全な判断をなしうること、仲間と節度ある交わりを保つこと、快楽に克ち不幸にも過度に負けぬこと、成功においても驕慢とならず自己自身を保つこと、それらの事がらの一つだけではなく、それらのすべてにたいして、精神のよき調和をもつことのできる人びと」（広川洋一著『ギリシア人の教育』岩波書店　二四ページ）だと、述べています。

（10）プラトン著『国家』（岩波書店）の第三巻を参照。

（11）プルタルコス著『プルタルコス英雄伝（上）』（筑摩書房　七六ページ）以下を参照。もちろんそこでは、親の財力は関係なく、子どもは一律にあつかわれました。

（12）柳田國男や宮本常一などの民俗学的諸著作を参照。少し方向は異なりますが、江戸期に活躍した近江商人が「三方よし」（売り手よし、買い手よし、世間よし）という商業道徳を生み出します。これなどは日常生活世界での商いの経験から商人が商人として成り立つ原点は、自分の儲けだけではなく、世間（仲間）に受け入れられる（奉仕する）ことだ、という実相をよくあらわしている例だといえます。

(13) このほかに、ポリスの三つの理想的原則である自由（エレウテリア）・自治（アウトノミア）・自給自足（アウタルケイア）も尊重すべき能力とされました（太田秀通著『スパルタとアテネ』岩波書店　一八ページ）。

(14) （注10）同書　第三巻を参照。

(15) 「パイデイアーが一般的教養・教育の意味をもって使われるのは、紀元前四世紀前半からで、アイスキュロスの場合は『幼い子供たちの養育』を表わし、トロペーとの区別は認めがたい。トゥキュディデスやエウリピデスもほぼ同じ意味で使っている。アリストパネスでは子供の養育・躾けといった意味に解される。デモクリトスでは、『教養（パイデイアー）は、順境にある人々にとっては、飾りであるが、逆境にある人々にとっては、避難所である』。……一般的教養としてのパイデイアーは、幼少年期における教育のみを意味しない。むしろそれは、人間としての善さ、人間としての固有の性能（アレテー）の完成を目ざす教育として、養育の段階を終えた成人がおそらくその生涯の終りまで、追求しつづけていくはずのものである」（広川洋一著『ギリシア人の教育』岩波書店　二二一～二二四ページ）。

(16) キケロは、「ほんとうに人間であるのは人間性に固有の学術によって磨かれた人々だけである」（「国家について」『キケロー選集8』所収　岩波書店　一八ページ）と、述べています。

(17) 自由人にふさわしい高尚な教養科目とされたのが、文法・論理学・弁論術という基礎三科（trivium）と、算数・幾何学・天文学・音楽論という基礎四科（quadrivium）でした（『教育の歴史I』白水社　二二七ページ）。

(18) この点については、拙著『全体的人間学序説』を参照。

(19) スペンサーは、「教育において、……前後の合理的な序列は、……直接的な自己保存を準備する教育、間接的な自己保存を準備する教育、親になるために準備する教育、市民になるために準備する教育、生活における趣味の充実をさまざまに準備する教育、……それらが相互に複雑にからみあっていることをわれわれは否定はしない」（スペンサー著『知育・徳育・体育』明治図書出版　二二一ページ）といい、ラッセルは、「教育には今日三つの異説があって、……第一説は、教育の唯一の目的は、成長のための機会を提供し、有害な影響を除去することである……。第二説は、教育の目的は、個人に教育を与え、かれのもっているものを最大限にのばすことである。……。第三の説は、教育とは個人との関連で考えるより地域社会との関連において考えられるべきであり、その職務は有用な市民を訓練するものである。……実際の教育は、……三説のすべてが、種々の割合で混合している」（『教育と社会体制』明治図書出版　二五ページ）と、述べております。

(20)　日常生活者として生きる意味を直観的に示した教育現場での具体例として、無着成恭編『山びこ学校』（岩波書店）などがあげられます。

(21)　コメニウス著『大教授学（I）』明治図書出版　九九ページ。

(22)　（注21）同書　一〇四ページ。

(23)　（注21）同書　一〇三〜一〇四ページ。

(24)　（注21）同書　九八ページ。

(25)　ヴェルジェーリオはその著書『子どものすぐれた諸習慣ならびに自由諸学芸について』で、「自由人的才能のもっとも重要な条件は、賞賛ならびに栄光への熱情にめざめ、それに燃え立つことです。そこにいわば賞賛と徳をうるための高潔なるせん望と憎しみをともなわぬ競争が生まれるのです。第二の条件は、年長のものにたいするすなおな従順さ、ならびにすぐれたことを忠告してくれるものに面と向かってさからわないことからわれわれが身につける性格です」といい、また「勤勉で、徳と真の栄光を愛する子どもは、その誠実さゆえに尊敬できる一人あるいはそれいじょうのおとなを選び、その人の生活をみならい、その諸習慣をまねるように幼い時期からこころがけなければなりません。ついでおとなは、つねに慎みぶかくふるまうことが必要になります。とくに子どもの前では、そうでなければなりません。子どもは、年配者の権威ある範例によってささえられなければ、悪にかたむき、たやすくよりひどい悪習に陥るものだからであります」と、述べております（『イタリア、ルネッサンス期教育論』所収　明治図書出版　二一〜二四ページ）。

(26)　ルソー『エミール（上）』岩波書店　一〇一ページ。

(27)　（注26）同書　一三二ページ、二七五ページ。

(28)　（注26）同書　二八〇ページ。

(29) ペスタロッチ著『隠者の夕暮』明治図書出版　二〇ページ。
(30) フレーベル著『人間の教育（上）』岩波書店　一三ページ。
(31) 「文明国において、バカが人間の通常の状態であるのは、それは伝染性の教育の結果であり、ニセ学者に教育され、バカげた本を読まされるからだ」（エルヴェシウス著『人間論』明治図書出版　一八ページ）。
(32) 人類のこれまでの歴史にあって、いろいろな集団（民族）社会や、いろいろな国家が形成されては滅び、また形成されて、今日に至っております。それぞれの集団に生きた人々が描く集団構成員たる人間の条件は多様で、それぞれに違いがありました。しかしながら、近代ヨーロッパが生み出した個人という存在性（コトバ）は、多様で曖昧になりがちな人間像（人間の条件）に一定の枠をはめ、人間という複雑な存在性の一面を鮮やかに浮かびあがらせる画期的な役割をはたしました。
(33) デカルト著『方法序説』（中央公論社）を参照。
(34) エリクソン著『幼児教育と社会（1）』みすず書房　三一七ページ。
(35) 古くはキケロが、「理性は……、すべての人間に共通であり、学識の程度に応じて異なるものの、学ぶ能力においては同じだ」（「法律について」『キケロー選集8』所収　岩波書店　二〇一ページ）と、理性こそが人々をまとめる基軸になるのだと述べていますように、この考え方が近代においても引き継がれ、カントなどによって理性の能力（守備範囲）が明らかにされることになりました（カント著『純粋理性批判』岩波書店　参照）。
(36) ジェームス・ミルは、その著『教育』（『イギリス民衆教育論』所収　明治図書出版）で、「教育の目的は、個人に、第一に自分自身にとっての、そしてつぎに他の人間にとっての、幸福の手段を、できるだけ多く与えることである」（四八ページ）、「われわれは、貧乏人にも、金持ちとおなじていどの正義と、おなじていどの自制と、おなじていどの正直さをえさせようと努力するように、おなじていどの知性をえさせようと努力すべきである」（一〇三ページ）と、述べています。
(37) 個人の教育と市民の教育における相違についてラッセルは、「実際の日常生活においては、子どもを一個人として考える教育のもたらす結果と、子どもを未来の一市民として創造するということは、明らかに同一のことではない。……個人の善として、社会の善のあるものとは明らかに区別されるものもある。……個人の啓発と市民の訓練とは違うことだということを否定するのは困難である」(『教育と社会体制』明治図書出版　九ページ)と、鋭い指摘をしています。

(38) 個人育成の一つの視座として、デュルケイムは、「宗教的信仰および慣行、国民的もしくは職業的伝統、あらゆる種類の集合的意見等……、これらの総体は合して社会的存在を形作る。そして、この存在を個々人の内部に作り上げること、これこそが教育の究極目的なのである」(『道徳教育論』明治図書出版　二二ページ)と、的確な論述をしておりました。

(39) それまでの多様な人間像を思想的に総括し、自我といった内面的意味を付与されることで、個人として人々は、自分の責任で自由に、自分の理想とする人間像をつくり出せるようになりました。すなわち、個人とは、自分の生き方に責任をもって自由に生きるべき存在だ、というわけです(もっともその大前提には、各人が豊かな人間性を、その努力において、それぞれの内面に形成すべきだという理屈がありましたが)。そうした個人の内面(ポテンシャル)において、各人はそれぞれに異なるものの、個人という概念(外面)においては、個々人は対等のあつかいを理屈のうえで受ける権利をもつゆえに、市民社会という現実に展開される社会の場においても、市民が個人とされることで、市民は相互に対等にあつかわれる正当な権利をもつことになりました。

(40) 一つの例として、ラッセルは、「広い個人的な教養を身につけた人であってはじめて、個人的文化が何を市民性に貢献できるかということを正しく評価することができるのである」(『教育と社会体制』明治図書出版　一六ページ)というようなことを、いっております。

(41) 「一六四七年森林の奥地への移民は、マサチュセッツの植民地を構成した、全人口二万一千人、資力は貧弱、住居は粗雑、衣服や食事はとぼしく質素であった。……この植民地の建設者たちが、『民衆のための無月謝および万人共通の教育』の宏大な理念を案出したのは、すべてこのような窮乏と危険のさなかにおいてであった。……無月謝学校は、共和政治の唯一の基礎である。……共和政治の下にあっては、この教育の最低限度は、各市民が、市民的および社会的義務を果たすのに必要とされる資質を賦与するにたりるものでなくてはならぬことは明らかである」(ホーレス・マン著『民衆教育論』明治図書出版　一三～一八ページ)。

(42) エマーソン著『人間教育』(明治図書出版　一〇ページ)。また、彼より先人にあたるロバート・コーラムは、

「教育は、政府によって市民のすべての階級に、その国のすべての子どもに与えられるべきである。……市民の一部だけが、残りの者の自由を欺しとって学習するために、カレッジやユニバーシティへ通学させるようなことは、文明社会にとって恥であり、スキャンダルである」(『政治的探求』『アメリカ独立期教育論』所収　明治図書出版　七〇ページ)と、述べております。

(43)　「読み書きや算数は、仕事にその能力を必要とするものには、非常にたいせつなものがあるが、こうした技術が生計を立てるのに関係のないところでは、毎日の労働で毎日のパンをかせがなければならない貧乏人にとって非常に有害である。学校の授業で進歩をみせる子どもは、ごく少ないが、それと同時に、事務のような仕事に雇われるものも非常に少ないのだ。だから貧乏人の子どもたちが、教科書をみて過ごす時間は、社会にとって大きな時間の損失なのである。……骨の折れるたいくつで苦痛な暮らし方をつづけて一生を終わるものは、最初からその仕事に早くつけたほうがそのあとずっとよりしんぼう強く、それをたのしんでゆくものだ」(マンデヴィル著『慈善および慈善学校』明治図書出版　四一ページ)。

(44)　「庶民には、いかなる文明社会でも、何らかの地位があり財産がある人々のように十分いい教育をすることはできないけれども、教育のうちもっとも基本的な部分、読み書き算数の三つは、人生の非常に早い頃に身につけさせられるし、最低の職業をしつけられる人々でさえ、その大部分は、その職業に雇われる前にそれを習得する時間がある。ごく小額の経費をもって、国家は、庶民のほとんど全部のために教育のうちこのもっとも基本的なものを習得する必要性を、たやすくしてやり、奨励することができるし、また義務として強制さえもできる。……国家は、下層階級の教育から何の利益も収めなくても、彼らに教育を施し、まったく無教育のままではほっておかないということは、国家が意を用いる値のあることであろう．しかし国家は彼らの教育から少なからざる収益を収めるのだ。というのは、彼らに教育をたくさん与えれば与えるほど、彼らが無知の国民である場合に起こるところの、しばしばもっともおそるべき無秩序をひき起こす狂熱や迷信に迷うことが少ないからである」(スミス著『青年の教育施設の経費について』明治図書出版　一〇八～一一一ページ)。

(45)　マルクス著『資本論』(岩波書店)第十三章を参照。

(46)　彼は、民衆は「カンナやヤスリをひいたり動かしたりすることだけを学ぶべき」で、「読み書きの技能で生活をたてる人か、あるいはその技能が生活の助けとなる人以外の人は、読み書きを知ることなどほとんど必要ない」（ラ・シャロッテ著『国家主義国民教育論』明治図書出版　二九ページ）と、述べています。また百科全書派を代表するヴォルテールでさえ、「人民は指導されるべきで、教育されるべきではない。なぜなら、彼らは教育されるのにふさわしくないからだ。……教育しなければならないのは、下層労働者マヌーヴルではない。それは善良なブルジョワつまり都市の市民である。……自分の生活（の糧）を手に入れることに忙しい人には、その精神を啓発する時間はない。彼らは、彼らよりもすぐれた人々のまねをしていれば、それで十分である」（ラ・シャロッテ同書所収のヴォルテールの日記、一七七ページ）と、いっておりました。

(47) 『フランス革命期の教育改革構想』所収　明治図書出版　一七ページ。

(48) （注47）同書　二九ページ。

(49) （注47）同書　一九ページ。

(50) コンドルセ著『公教育の原理』明治図書出版　九～一二ページ。

(51) （注50）同書　三一～三六ページ。

(52) （注50）同書　一二ページ。

(53) コンドルセ著『革命議会における教育計画』岩波書店　参照。

(54) 『全体として考察された公教育についての報告』（『フランス革命期の教育改革構想』所収　明治図書出版　五九ページ）。またルペルチエは、公共的教育（l'instruction publique）は「真の国民的で、真に共和国的な教育、平等かつ効果的にすべてのひとに共通の教育、あるいは身体的な能力にかんし、あるいは道徳的な性格にかんして、人類を再生することのできる唯一の教育」であるとして、「あの、つらいしごとをひきうける勇気、それを実行するさいの行動、それを続けて行くねばりづよさ、それをなしとげるまでの忍耐力」（『国民教育計画』『フランス革命期の教育改革構想』所収　一三五～一四四ページ）をもつような人間形成が、公教育施設で、すべての子どもたちにあたえられねばならないと述べております。

(55) ドニ・プロ著『崇高なる者』岩波書店　八ページ。

(56) 「一八三九年に、枢密教育委員会が、基礎教育は『労働者や奉公人の条件』にぴったりのものであるべきであると希望を表明して以来、十九世紀のほとんどおわりまで、イングランドにおける公教育は階級的制度として発展したのであった。『基礎的』教育は、統治階級によって『かれらとは別個の貧乏人たち』のために、宗教的、経済的、および人道主義的な理由から設立されたところの教育であった。中等教育は、良家の子女の教育であった。その制度についての最も明白な事実は、両者の間の分離が、教育的考慮からではなく、社会的、経済的な考慮に基礎をおいていたということであった。教育の分化は初等教育をおわってからではなく、それ以前に始まり、子どもたちの将来にではなく、両親の地位に関係していた」（トウニイ著『すべての者に中等教育を』明治図書出版　六四ページ）。

第二章　近代（現代）における公教育の限界

（1）梅根悟著『世界教育史』（新評社）の第五章。また、中江和恵著『江戸の子育て』（文藝春秋）を参照。
（2）そうであってみれば、公的機関が資金を出し、その意図する人材を一斉一律に育てるという公教育の悪しき典型例たるスパルタでの教育や、戦前の日本の軍国主義教育は、多様な存在の可能性を秘めた人間の育成にはなじまないし、また個性ある人格を育てる市民育成の主旨とも矛盾するといえます。
（3）宮本常一著『忘れられた日本人』岩波書店。ことに二一一ページ以下の「世間師」の項を参照。
（4）フィヒテは、国民教育について次のように述べております。新しい教育により生まれる精神は、「高尚なる祖国愛、即ち、自己の現世の生命を永遠なるものとし祖国の生命をこの永遠性を荷うものとする把握を直接に自己の中に導き入れる。そしてこの精神がドイツ人の間にうち建てられる場合は、ドイツ人の祖国に対する愛を自己の必然なる構成部分として直接に自己の中に導き入れるのである。そしてこの愛から、勇敢なる護国者、及び穏和なる遵法の公民が自然の結果として生ずるのである」（『ドイツ国民に告ぐ』岩波書店　二〇一ページ）と。
（5）ホッブス著『リヴァイアサン（一）』岩波書店　二一一ページ。
（6）「現状維持に敬意をはらう教育よりは、それを打破しようとする教育によって、知性も同情も抑圧されることがより少ないのである」（ラッセル著『教育と社会体制』明治図書出版　一八ページ）。

（1）今日では、解体が著しく進んでしまっていますが、以下を参照。伊谷純一郎著『ゴリラとピグミーの森』（岩波書店）、酒井邦嘉著『ブッシュマンとして生きる』（中央公論社）、マリノフスキー著『西太平洋の遠洋航海者』（中央公論社）、本多勝一著『ニューギニアの高地人』（講談社）。

（2）拙著『全体的人間学序説』（第三章）を参照。

（3）拙著『教育哲学の復権』を参照。

（4）この対置は、資本主義的悪を克服したいという幻想や観念であって、現実の社会主義社会が共生の文化を尊重しているかどうかは別です。実際、それらの思想には共生の文化への憧れはあっても、それへの深い考察や現実化への展望があったとはいえません。

（5）この場合、厳密には新興市民（ブルジョア）階級と農民・労働者階級を区別し、前者を庶民層に入れるべきではなく、また近代を牽引したのは前者であるから、旧の支配体系（貴族文化）に接木した責任は前者だとすべきでしょう。しかし、当初多くの人々（農民・労働者階級を含めて）は貴族文化に憧れ、接木することに違和感はなかったといえます。つまり、庶民層（農民・労働者）には自分たちこそが日常生活世界を継承しているのだという自覚が、まだなかったということです。フランス革命でいえば、ジロンド派とジャコバン派では明らかに路線は違っても、ジャコバン派には日常生活世界の文化のうえに近代の理想を接木することなど思いも及ばなかったゆえに、結果は今日見るごとくです。そういう意味では、わざわざ区別する必要はないということで、ここでは同列にあつかっているしだいです。

（6）当時のウィーンにおける貴族などの富裕層の精神問題をフロイトがあつかったのだから、精神の問題は、庶民たちの日常生活世界とは関係がないように思えますが、上流層の頽廃的生活が生み出す精神問題は、彼ら自身の中にあった日常生活者としての規範意識が失われたことによります。上流階層といっても、日常生活世界を基盤にしてしか成り立たないのですから。フロイト著『精神分析学入門』・『夢判断』・『自我論』・『性欲論』（日本教文社）などを参照。

（7）ユング著『無意識の心理』・『自我と無意識の関係』（人文書院）、『人間と象徴』（河出書房新社）などを参照。

（8）アドラー著『子どもの教育』・『個人心理学講義』（一光社）、『人間知の心理学』（春秋社）などを参照。

（9）発展途上諸国の低賃金労働に依存することで、自らは何ら生産活動に携わらないのに、贅沢な消費生活が満喫できている、こうした現状を合理化してこそ、純粋培養的な個性にあふれた個人という観念が成り立ちえるわけですから、そういう意味で、倒錯現象といえましょう。

（10）集団生活型動物の典型として我々は、ミツバチやアリを知っています。彼らは成虫になって後、本能的に巣を掃除する役割、エサを求めて外へ出ていく役割、巣を守る役割、幼虫にエサを与える役割などをそれぞれの成長段階におうじて担っています。それは何らかのホルモン分泌によって、それぞれの成長段階での仕事が本能的に決められているためでしょう（坂上昭一著『ミツバチの世界』（岩波書店）、およびレイ・ノース著『アリと人間』（晶文社）を参照）。ことに女王蜂が死んだ時、働きバチの中から女王蜂候補を選び、女王蜂にするという本能を鑑みれば、人類の巨大分業化の潮流は、自然が命じるある種の生命体的必然だと考えられないことはありません。

第四章　教育革命論の使命

（1）大野晋・上野健爾著『学力があぶない』（岩波書店）、陰山英男著『本当の学力をつける本』（文藝春秋）。

（2）教育理念についての詳細は、拙著『教育哲学の復権』第一章を参照。

（3）酒井邦嘉著『言語の脳科学』中央公論社。

（4）ピグミー族に関しては、伊谷純一郎著『ゴリラとピグミーの森』（岩波書店）および市川光雄著『森の狩猟民』（人文書院）、ブッシュマンに関しては、田中二郎著『ブッシュマン』（思索社）とM・トーマス著『ハームレス・ピープル』（海鳥社）および菅原和孝『ブッシュマンとして生きる』（中央公論社）、遊牧と農耕の混合生活に関しては、エバンズ・プリチャード著『ヌアー族』（平凡社）、ベドウィン族に関しては、D・P・コウル著

『遊牧の民ベドウィン』（社会思想社）、オセアニアの人々に関しては、マリノフスキー著『西太平洋の遠洋航海者』（中央公論社）および本多勝一著『ニューギニアの高地人』（講談社）などを参照。
(5) ローレンツが指摘した動物の本能を発現させる刷り込み（インプリンティング）は、それらの原型といえましょう。『ソロモンの指輪』（早川書房）および『攻撃』（みすず書房）を参照。
(6) 拙著『教育哲学の復権』を参照。
(7) ヘーゲル著『法哲学』（作品社）。
(8) エレン・ケイ著『児童の世紀』（冨山房）、モンテッソーリ著『モンテッソーリ・メソッド』（明治図書出版）を参照。
(9) 龍樹著『中論』（第三文明社）を参照。

第五章　日常生活世界と「情育」

(1) ソロー著『森の生活』（岩波書店）やレイチェル・カーソン著『沈黙の春』（新潮社）などの読み直しが、エコロジーの視点のもと、自然との共生を考える人々の間で増えているのは、その証左です。
(2) 柳川弘志著『生命の起源を探る』（岩波書店）。
(3) J・モノー著『偶然と必然』（みすず書房）。
(4) 田沼靖一著『アポトーシスとは何か』（講談社）。
(5) 黒岩常祥著『ミトコンドリアはどこからきたか』（日本放送出版協会）。
(6) 拙著『全体的人間学序説』を参照。
(7) 河合雅雄著『ニホンザルの生態』（河出書房）、鈴木晃著『夕日を見つめるチンパンジー』（丸善）、西田利貞著『野生チンパンジー観察記』（中央公論社）などを参照。
(8) 恒吉・ブーコック著『育児の国際比較』（日本放送出版協会）。
(9) J・G・ブレムナーはその著書『幼児の発達』（ミネルヴァ書房）で、「母子関係やわずかな人の世話の方がより早く安定した日常生活に入っていけるのは、乳児が特定の信号に対する反応の予想がつけやすいからである。多くでは予想できない」（二八一ページ）、また「乳児は母親の行動特徴に気づき、それらを彼女の情緒状態の指標として解釈する。さらに、母親の状態に合わせるために自分の状態を調節し、母親の情緒的用語で解釈できるような表出を行う」（二九三ページ）と、述べています。

(10)『漢和中辞典』（角川書店）。

(11) ボウルヴィ著『母と子のアタッチメント——心の安全基地』（医歯薬出版）を参照。

(12) 藤永保は、赤ん坊を見てかわいいと思う親心が、大人の側にあるとすれば子どもの側にもあり、「赤ちゃんが格別教わることなしに、大人に注目し笑いかけるなどもその一例でしょう」（『幼児教育を考える』岩波書店　四ページ）と指摘しています。

(13)『発達心理学入門』（有斐閣）の「母親の態度と子どもの性格」（詫摩武俊著）を参照。また久保ゆかりは、「生後10週には、母親の喜び、悲しみ、怒りの表現に対して、それぞれ別の対応した反応をすることが実験的にもみいだされています」（『幼児の生活と教育　第3巻』岩波書店　三一ページ）と述べています。

(14)「生まれたばかりの赤ちゃんには、……大人と同じ数の脳細胞がすでにネットワークをつくっている状態で存在しています。……ところが、赤ちゃんの脳細胞のネットワークはひじょうに不完全なものです。……しかし、生後、目や耳や皮膚からいろいろな刺激が赤ちゃんの脳に入ってきます。この刺激そのものを利用して、赤ちゃんの脳は自分がもっているネットワークの機能を、完全な形に改良していくというプロセスを経ていきます。……成長するとともに、その脳のハードウェーアそのものが、外から入ってきた刺激によって変わっていきます。脳はそういう性質をもっているわけです」（利根川進著『私の脳科学講義』岩波書店　五六ページ）。

(15) ブレムナーはその『幼児の発達』（ミネルヴァ書房）で、「子宮内の胎児の聴覚的に引き起こされる能力としては、在胎二五週以降に獲得されている」（三四ページ）、また「出生前でも母親の声を認識している可能性がある。生後三日で他の母親より自分の母親の声を好む」（二二三ページ）と、報告しています。

(16) 拙著『全体的人間学序説』を参照。

(17) 拙著『教育哲学の復権』を参照。

第六章　親たちと「情育」

（1）杉山幸丸は、ニホンザルの野生での生活と、えづけされた生活との相違を指摘しております。『サルを見て人間本性を探る』（農山魚村文化協会）及び『霊長類生態学』（京都大学学術出版会）。
（2）高木貞敬著『脳を育てる』（岩波書店）。
（3）日本語文化の中で脳の言語野が起動すると、子どもは日本語の文法を習得してしまうのです（酒井邦嘉著『言語の脳科学』中央公論社　参照）。
（4）久世妙子他著『発達心理学入門』（有斐閣）および高橋恵子他著『生涯発達の心理学』（岩波書店）。
（5）拙著『全体的人間学序説』を参照。
（6）拙著『教育哲学の復権』を参照。

第七章　保育現場での「情」の教育と「知恵」の教育

（1）プラトン著『法律』（岩波書店）四〇五、四一一ページ。同様の内容を彼はさらに具体的に、「子供たちは早くから、なるべく法に合致する方向をもった遊びを与えられるようにしなければならない。……子供たちの遊びが最初から美しい（正しい）ものであって、音楽・文芸を通じて良き秩序と法を彼らが自分の中に受け入れた場合には、……その良き秩序と法は、何事についても彼らを離れることなく育くみ、もしそれまでに国の何かが堕落して倒れているならば、それを真直ぐに建て直すことだろう」（プラトン著『国家（上）』岩波書店　二七四ページ）と、述べております。
（2）近代のヨーロッパにあって人々は、「情」に根ざさない怜悧な「知」（理性）の力で差別や争い（戦争）は克服でき、公平で平和な社会を生み出せるとしました。しかし、今日までの歴史はその無力を証明してきたといえます。やはり人々の心に、「情」のネットワークが必要なのです、すなわち、「情」を大切に育てようとする「知恵」をもつ人びとの連帯が必要だといってよいでしょう。「情」を軽視する切花的「知」しかもたない知識人・学者・教育者などは、知恵者ではありません。大人に期待できないという場合の大人は、こうした「情」の重要さを顧みない人々をさします。

(3)　『保育所保育指針』(平成十一年版)。

(4)　ことに『幼稚園教育要領』では、国家権力の意図する「知育」を幼児段階で準備させようとする傾向が強くなっております。

第八章　学校での「情育」と「技育」、そして「知育」

(1)　学校教育法第十八条の［小学校教育の目標］で、「(一) 学校内外の社会生活の経験に基き、人間相互の関係について、正しい理解と協同、自主及び自立の精神を養うこと、(二) 日常生活に必要な衣、食、住、産業等について、基礎的な理解と技能を養うこと、(四) 日常生活に必要な国語を、正しく理解し、使用する能力を養うこと、(五) 日常生活に必要な数量的な関係を、正しく理解し、処理する能力を養うこと、(六) 日常生活における自然現象を科学的に観察し、処理する能力を養うこと、(七) 健康、安全で幸福な生活のために必要な習慣を養い、心身の調和的発達を図ること、(八) 生活を豊かにする音楽、美術、文芸等について、基礎的な理解と技能を養うこと」、などと日常生活というコトバが使われていますが、本論で定義してきました日常生活世界ないし日常生活者という概念とそれは異なりますし、そこに込められた意味も違います。学校教育法での日常生活とは、朝起きて夜寝るまでの日々の生活での歯磨きからはじまる着衣、食事、居住のノウ・ハウを習慣化させることを指し、生きるために自然と共生し、仲間と連帯し協働するといった日常生活者に必要な基本的視座がまったく欠落しておりますから、決して同列におかれるものではありません。

(2)　教員養成の意義について早くもバゼドウが、その著『人民の友および有産者諸君に対する提言』で、「学校がなんらかの良い成果をもたらしうると期待しうるためには、まず教員養成所があることが絶対不可欠の条件である。また、この教員養成所ができる前に、さらに、その執筆者が人間の本性、人間の欲求、時代や身分の相違といったことを十分考慮した上で書いている教科書が書かれていることが前提とされねばならない」（『国家と学校』所収　明治図書出版　七七ページ）と言及しております。

（3）　我々のめざす意図とは異なるものの、教育における労働の意義にいち早く言及したのがケルシェンシュタイナーで、彼はその著『未来の学校、それは労働学校である』において、「たしかに、学校は学習する学校でなくてはならない。しかしながら、ただ学習する学校というのではなくて、子どものこころの活動のすべてを受けいれるような、子どもの感動性だけではなくて生産にも、子どもの受動的本性だけではなくて能動的本性にもかなっているような、たんに子どもの知的な要素だけではなくて、とりわけ、社会的な要求にもぴったりあった、そうした学習する学校でなければならない」（『労働学校論』所収　明治図書出版　一〇ページ）とし、また『労働学校とは何か』において、「公立学校はまず第一に、一人ひとりの生徒を援助して、有機的全体のなかに位置づけられた一つの労働に、いいかえれば、一つの職業に従事し、それをできるだけりっぱに果たすようにさせる、……第二の課題は、個人にこの職業を公的任務とみなすような習慣をもたせることである。……第三のそして最高の課題は、……職業労働とならんでまたそれを通して、さらには自分固有の人格の価値を完成していく労働を通して、自分の属している現在の国家を、倫理共同体という理想に向けて発展させるために、自分なりに貢献しようとする性向と能力とを生徒に発達させることである」（『労働学校論』所収　明治図書出版　四九ページ）と、述べております。

（4）　拙著『教育哲学の復権』（人文書院）第五章の「教育の両義性」を参照。

（5）　カントのめざした人格とは、そうした存在でありました。それを現代において引き受けたのがサルトルで、彼は、世界と向き合う投企的存在としての実存への自覚を促しました。サルトル著『実存主義とは何か』（人文書院）、および『存在と無』（人文書院）を参照。

（6）　ハーバマスのように近代を未完のプロジェクトと捉え、その問題点をコミュニケーション行為をもって克服しようとするのも、事態打開への真摯な取り組みだと評価できますが、それが「知」の埒内で打開策を模索するかぎり、本質的な打開にはいたらないといえましょう。J. Habermas, *Theorie des kommunikativen Handelns*, Suhrkamp. を参照。

（7）拙著『全体的人間学序説』を参照。

（8）一人で世界と向き合う知性の発現は、それなりの教養と知識を身につけた者の主体的かつ内省的思索からはじまるといえます。デカルトがその著『方法序説』において、疑っても疑いきれない「疑っている私」の存在を確認するプロセスは、孤独な知性の葛藤とは何かを知る手懸りだといえますし、そこにあらわれる世界と対峙する自覚的な「私」こそが、個的な知性（人格的個）に求められる基本的な姿だといってよいでしょう。既存の権威や権力に従順な知性を身につけろとか、利己的な利権のみを求める狡猾な知性こそ有用だとする教育を受けてきたにもかかわらず、そうした初期的な刷り込みから脱し、自己の主体的決断のもとに独立自存の知性を磨こうとしてきた人々においては、知性は既存文化の束縛から自由であったといえます。そうした自律的な主体を形成しえたのは、知性をあらゆる憶見（刷り込まれた情報の残滓）から解放する「自己」が確立されたからですが、そこについやされた労力をすべての者に求めるのは、酷であり、問題です。なぜなら、誰もがそんな人生を望んでいるわけではなく、人間の「生きる」こととは、思索的人生への特化ではなく、もっと多様であるはずです。

（9）既存の価値観や常識に縛られることなく、それらを超えた人の生きる道＝タオ（根源的真理）を体得しようとすること（ことに荘子が求めた生き方）、心身的な存在性（自己）の苦しみから、その心身への意識を脱することと（曹洞宗の開祖道元のいう、心身脱落の状態）、あるいは、モノやコトといった欲望による苦しみから離脱して生きること（捨聖といわれた時宗の開祖一遍のような、地位・財産・名誉などの一切をすてる生き方）、などの人生観も、選択肢として尊重されるべきでしょう。そういう意味では、ヒンズー教の四住期（学生期、家長期、林住期、遊行期）といった人生の捉え方は参考になるといえます。

おわりに

教育革命論という主題で、これまで述べてきたことは、そのタイトルとは異なり、あまりにもあたり前の内容だったといえるかも知れません。しかしあたり前であるはずなのに、これまでの教育論においては、知・徳・体（特権層子弟を対象とする教育目標）について語られることはあっても、「情」や「技」などはまったく顧慮されることはありませんでした。まして、日常生活者の育成を学校教育の目的にするような発想は、論外ともいえましたから、そういう意味で革命論といえるわけです（もちろん、これまでの特権的な知力重視の教育を、情重視の教育へと変えるという意味で革命論なのですが）。

これまで家庭や地域において、あたり前に行われていた子育てによって、大多数の子どもたちは一人前の大人（日常生活者）へと成長していました。そうした生活現場や生業現場で、「情」を養い、「技」を培い、「知恵」を身につけたわけで、そういう環境で育った子どもたちが「知育」の場（学校）へやってきて、知力を磨くことに問題はなかった（知力を磨く動機が明確であり、おおむねその則を逸脱することはなかった）わけです。しかし、家庭や地域にそうした教育力がなくなってきた現代において、学校が頑なに「知育」の場たる孤塁を守ろうとするかぎり、子どもたちには自然や仲間との共生の契機たる「情」を養い、その「情」を基盤とする「技」や「知恵」を身につける機会はないといわざるをえないのです。

ですから、そうした社会構造の情的貧困を補うべく、家庭や地域での先行的な「情」(日常生活者)の育成といった取り組みを受けて、学校は、これまでの「知育」(根無し草の、利己的な個人の育成)重視の場から「情育」(日常生活者の育成)重視の場へと方向転換すべきだというわけです。つまり、親を中心とする人々が乳幼児期より取り組む決断をした「情育」を、保育現場にあっても大切な教育目標として引き継ぎ、さらに学校においてはそうした教育の根幹を遵守しつつ、「技」や「知恵」を培うことによって、子どもたちは一人前の日常生活者たる資質を身につけた存在へと育つわけで、この日常生活者の意識を育てたうえで個々的に知力を磨くようにすればよいのです。こうして子どもたちは、日常生活者の温かい心をもちつつ、自律的な人格を形成できるわけです。本論で何度もふれましたように、この逆はありえません。

もちろん、もはや明らかなように、こうした教育の転換は、アメリカ型の資本主義社会へと一元化する世界的な流れ(グローバリズム)を変えることを意味します。富の増殖に貢献する個人、そうした体制を保守するのに有用な個人などを、「知」の体系のもと、能力主義(競争原理)をもって育成することが教育の使命だとする人々に対して、自然や仲間と助け合いながら共生する日常生活世界こそが一番大切だと思う人々にとっての教育論を提示し、そうした生活の正当性を論拠づけることが本論の課題でもありました。

もし人々が本気で、知的能力をもって競い、勝利する個人こそが価値ある人間だと思うならば、その個人と対抗するためならどのような個人の知的行動も許容されることになります。法だ、倫理だといっても、そうした規制は、狡猾な「知」によってどのようにでも解釈でき、変えられます、「知」は個人の欲望（願望）に仕えるだけで、それ自身には価値論は包含されえないのですから。そのため、個人の欲望に裏打ちされた「知」と「知」の闘ぎ合いにおいて、核兵器や生物・化学兵器などの製造や使用、またテロなどを、敵（競争相手）に勝利する手段として個人が採用することは、論理的には正当であるゆえに、認めざるをえなくなってしまいます。

我々（日常生活者）の常識からすれば、そのような行為は認められません。しかし、そういう常識を身につけることなく、欲望追求の競争に勝利することのみを価値とする能力主義に毒された知的な個人同士は、自分たちが生きている足場（自分たちが僅かばかりの知力をもっているだけで、なぜその衣・食・住の生活全般が安定して、充足されるのか）が見えないのです。個人と個人の知的な自律原理だけでは、人々が安心して、協働しながら生活する論拠を明らかにすることはできないのです。なぜならそこには、人間同士がたがいに助け合い、協力しながら生活する原理がないからです、いわばそこに、西欧近代の個人主義思想の限界があるといえます（カント倫理学の限界）。

これまでの教育論的発想への反省をもって、きちんとした人間の育成、つまり日常生活者（情）の育成を、親、地域、保育現場、学校現場がそれぞれに連携して取り組み、子どもたち一人ひとりが安心して、希望をもって生きていく自信を身につけられるようにする、これが教育革命論の骨子でした。

そうした意図はともかく、教育論をとおして近代社会を総括し、さらに二十一世紀以後の新たな集団社会構築の地平を拓こうとなどと、能力以上のことを本論では目論んだゆえに、体系的かつ系統的な論述が満足に行えませんでした。すなわち、日常生活者や日常生活世界についての説明がくどく繰り返されたわりに、論述に深まりが欠け、その趣旨を理屈において十分に伝えられなかったかも知れません。また、「知育」よりも「情育」が大切だと述べながら、それを理屈（知）をもって説明している矛盾は十分承知してはおります、本来なら、ここで述べてきたことは実践をもってやるべきで、文章をもって人々に理解を求めることではありませんから。しかし、理屈をもって教育論が展開される現代にあっては、理屈をもってそれに抗するしかないというのが筆者の自己弁明です。「常識」は理屈ではないということで、「常識」が「常識」として継承される時代がくれば、本論は無用になるでしょうが、それまではこうした理屈は、不可避なのだと思っております（ヘーゲルら観念論者たちが、理屈で人間を理性的存在として捉えようとしたことに対して、フォイエルバッハが人間は感性的存在であると、理屈で述べたのと同様です）。

また、ここでは日常生活者育成の重要性について述べてきましたが、それは、自然や仲間との共生や協働という生活者のあるべき原点が脈々とそこに継承されているからです。そうかといって、日常生活世界（庶民の生活）にあって散見されるそのすべてが、首肯されるべきものでないことは言うまでもありません。ことに、近代思想が告発してきた迷信や権威への盲従性などは、その典型例です。そうしたことを承知しながら、それらの詳細（批判的検討）にはまったく言及しておりません、それは、そのことがここでの主題ではないし、稿を改めて論じるべき領域だと考えるからです。

いずれにしましても、前著から六年もの歳月が流れたものの、二十一世紀の教育を展望できる、見とおしのよい論考にまで仕上げられなかった点は、読者のみなさんにお許しを願うしかありません。しかし、そうであっても、筆者の意図を読み取っていただいた人々の中から、日常生活世界の再生を図るべく、子どもたちを日常生活者へと育てようとする実践的取り組みが、いつの日か、どこかではじまるだろうことを願うというのが、正直なところです。

最後になりましたが、国内外での出産・子育ての経験をもつ畏友辻厚子さんの公刊への励ましをえて出版に踏み切れました。ここにそのお礼を申し述べるしだいです。

高田義隆

二〇〇六年二月

著者略歴

高田義隆（たかだ・ともたか）

1948年，京都市に生まれる。

立命館大，京都大，フランクフルト大で経済学，哲学を学ぶ。

現在　教員。

著書　『全体的人間学序説』（私家版）

　　　『教育哲学の復権　教育理念の根源的探求』（人文書院）

論文　「近代主義の総括について」

　　　「歴史哲学序説・序文」

　　　「現代史資料の意味について」

　　　「与那国島の経済的自立化再考」

　　　その他多教。

JIMBUN SHOIN Printed in Japan.
ISBN 4-409-24074-9 C1037

教育革命論《きょういくかくめいろん》への招待《しょうたい》
――情育からはじまる教育の再生――

二〇〇六年四月一五日　初版第一刷印刷
二〇〇六年四月二〇日　初版第一刷発行

著　者　高田義隆
発行者　渡辺博史
発行所　人文書院
〒六一二-八四四七
京都市伏見区竹田西内畑町九
電話〇七五（六〇三）一三四四
振替〇一〇〇〇-八-一一〇三

印刷　冨山房インターナショナル
製本　坂井製本所

乱丁・落丁本は送料小社負担にてお取替いたします。

http://www.jimbunshoin.co.jp/

人文書院の好評書

教育哲学の復権
教育理念の根源的探求
高田義隆
全体的な人格をそなえた人間の育成に教育の根本がある。教育にたずさわる者の原点を提言。
1800円

フリーターにとって「自由」とは何か
杉田俊介
私たちはもっと怒っていい。たたかいはこれからだ!! 労働の現場から生まれた渾身のフリーター論。
1600円

〈野宿者襲撃〉論
生田武志
少年達による野宿者への集団暴行事件から鮮烈に見えてくる10代若者の姿。
1800円

事例に学ぶ 不登校
思春期のこころと家族
菅佐和子編
子供と家族の「こころ」の問題の典型例と、カウンセリングの詳細な記録と考察。関係者必読の書。
1700円

育ちゆく子に贈る詩
シュタイナー教育実践ノート
不二陽子
総合教育の原点をドイツの学校で学んだ母子の体験と、日本での十六年間の実践を具体的に報告する。
1800円

価格（税抜）は二〇〇六年四月現在のものです。